从课标教材研究走向单元教学

王保平　尚飞 / 编著

吉林文史出版社

图书在版编目（CIP）数据

从课标教材研究走向单元教学 / 王保平，尚飞编著
. -- 长春：吉林文史出版社，2021.4
ISBN 978-7-5472-7696-9

Ⅰ．①从… Ⅱ．①王… ②尚… Ⅲ．①课堂教学－教
学研究－小学 Ⅳ．①G622.421

中国版本图书馆 CIP 数据核字 (2021) 第 067713 号

从课标教材研究走向单元教学

编　　著　王保平　尚飞
出 版 人　张　强
责任编辑　陈春燕
装帧设计　杨　哲
出版发行　吉林文史出版社
地　　址　长春市净月区福祉大路 5788 号出版大厦
印　　刷　吉林省吉盛印业有限公司
开　　本　787mm×1092mm　　1/16
印　　张　8
字　　数　100 千
版　　次　2021 年 4 月第 1 版
印　　次　2021 年 11 月第 1 次印刷
书　　号　ISBN 978-7-5472-7696-9
定　　价　58.00 元

前　言

包头市九原区沙河第二小学，创建于 1987 年，1998 年成为自治区义务教育示范校，2014 年成为内蒙古自治区教科研基地和包头市教科研基地。学校现实行一校两址集团化办学，学校现有教学班 61 个，在校生 2600 多人，教师 155 人。

为了超越"点"、进入"线"、形成"面"、构建"体"的教学，教师将知识点放置于大单元之中，从大单元的视角，用大单元的结构思想、方法来审视，驾驭知识点的教学，不断地提高学生学习的效能。立足于大概念、大主题、大任务、结构化、关联性，让学生在学习中不仅能"见树木"，更能"见森林"。

从 2018 年开始，在构建备课质量保障体系实验的过程中，沙河二小开始大单元教学设计的研究。大单元设计强化"结构意识"，任何一个知识，都有其相应的"结构"。"重视以学科大概念为核心，使课程内容结构化。"——《普通高中课程方案（2017 年版）》，"大问题"的解决通常需要基于多个具体知识，需要学生学习、理解、掌握，以便更好地应用于解决其他问题。在"整体教学"视域中，所谓"结构"，至少包括三层内涵：其一是知识的"内容结构"，其二是知识的"方法结构"，其三是知识形成的"过程结构"。在教学中，学生不仅要"学结构"，而且要"用结构"。

大单元设计重组，促进知识整合：教材单元内容是显性的，容易唤醒师生的单元结构意识。在实施单元结构教学中，重要的是分散在教材不同地方的关联性的知识，这一类知识需要教师进行"单元重组"。大单元重组，有助于促进知识整合。教学中，教师引导学生对知识进行归类、重组，形成一个个密切关联的"准单元"，让教学有序成型，促进知识整体建构。

从课标教材研究走向单元教学，是沙河二小课改的又一大成果。在大单元教学设计实验中，沙河二小连续几年教育教学质量评估引领九原区，在包头市小学学业水平监测中也名列前茅。可以说大单元教学设计实验是提高育人质量，办人民满意的学校的有效抓手和凭借。沙河二小将在优化课程内涵，深化课堂教学改革中继续前行，扬帆远航，以至诚精神为引领，为办更好、更优质、更均衡的至诚教育而不懈努力！

目　录

第一章　全册三研

心中有目标 脚下有力量

语文统编版二年级上册全册三研

语文学科组 田丹丹

田丹丹小学高级教师、语文教研组长。从事语文教学和班主任工作多年，一直以来踏踏实实、认认真真搞教学。爱生如子是她的情怀；求真务实、兢兢业业是她的工作作风；没有最好，只有更好是她的工作信念；无愧于学生和家长是她的工作目标。曾获得包头市九原区教学能手，包头市九原区教坛新秀，所带班级曾获内蒙古自治区优秀中队，并多次获得优秀班主任等荣誉称号，参与并完成《新经典诵读的实践与研究》的国家级课题且顺利结题。

导 言

语文课堂教学如果能解决"教什么""怎么教""教到什么程度"这几个问题；教与学结合如果能确定"学生学什么""怎么学""学到什么程度"这几个问题，那么学生的语文能力和素养一定会有所提升。其中最重要的是研究"教什么"以此来明确教学方向。研究好教材建构起完整的学科知识体系，依据学情用适合的方法施教，最后进行相应检测，使老师和学生都是高效的教与学。下面就统编语文二年级上册整册书谈谈我的想法。

一、研课标

教学目标是课堂教学的起点，也就是我们常说的"教什么"。它决定着教学内容的安排方式、教学方法的选择以及教学评价的实施，因而也就决定着课堂教学效果的好坏。因此，教师应重视教学目标的导向作用，在课前、课中、课后都要围绕教学目标来思考和行动，这将有助于提高课堂教学效率。

（一）课程性质、理念和设计思路

语文课程是一门学习运用语言文字的综合性、实践性课程。义务教育阶段的语文课程，应使学生初步学会运用语言文字进行交流沟通，吸收古今中外优秀文化，提高思想文化修养，促进自身精神成长。可见，工具性与人文性的统一是语文课程的基本特点。语文课程应该注重引导学生多读书、多积累，重视语言文字运用的实践，在实践中领悟文化内涵和语言应用规律。

（二）课程目标、学段目标

课程标准是教研的法条，教学的依据。教研组要"依法"开展，教师要依标开展教学设计。教师首先要做的是把握课标、明确方向。第一学段的目标如下：

1. 识字与写字

（1）喜欢学习汉字，有主动识字的愿望。

（2）认识常用汉字 160 个左右，其中 800 个左右会写。

（3）掌握汉字的基本笔画和常用的偏旁部首，能按笔顺规则用硬笔写字，注意间架结构。初步感受汉字形体美。

（4）养成正确的写字姿势和良好的写字习惯，书写规范、端正、整洁。

（5）学会汉语拼音。能读准声母、韵母、声调和整体认读音节。能准确地拼读音节，正确书写声母、韵母和音节。认识大写字母，熟记《汉语拼音字母表》。

（6）能借助汉语拼音认读汉字。能用音序和部首检字法查字典，学习独立识字。

2. 阅读

（1）喜欢阅读，感受阅读的乐趣。养成爱护图书的习惯。

（2）学习用普通话正确、流利、有感情地朗读课文，学习默读。

（3）结合上下文和生活实际了解课文中词句的意思，在阅读中积累词语。借助读物中的图画阅读。

（4）阅读浅近的童话、寓言、故事，向往美好的情境，关心自然和生命，对感兴趣的人物和事件有自己的感受和想法，并乐于与人交流。

（5）诵读儿歌、童谣和浅近的古诗，展开想象，获得初步的情感体验，感受语言的优美。

（6）认识课文中出现的常用标点符号。在阅读中，体会句号、问号、感叹号所表达的不同语气。

（7）积累自己喜欢的成语和格言警句。背诵优秀诗文 50 篇（段）。课外阅读总量不少于 5 万字。

3. 写话

（1）对写话有兴趣，留心周围事物，写自己想说的话，写想象中的事物。

（2）在写话中乐于运用阅读和生活中学到的词语。

（3）根据表达的需要，学习使用逗号、句号、问号、感叹号。

4. 口语交际

（1）学讲普通话，逐步养成讲普通话的习惯。

（2）能认真听别人讲话，努力了解讲话的主要内容。

（3）听故事、看音像作品，能复述大意和精彩情节。

（4）能较完整地讲述小故事，能简要讲述自己感兴趣的见闻。

（5）与别人交谈，态度自然大方，有礼貌。

（6）有表达的自信心。积极参加讨论，对感兴趣的话题发表自己的意见。

5. 综合性学习

（1）对周围事物有好奇心，能就感兴趣的内容提出问题，结合课内外阅读，共同讨论。

（2）结合语文学习，观察大自然，用口头或图文等方式表达自己的观察所得。

（2）热心参加校园、社区活动。结合活动，用口头或图文等方式表达自己的见闻和想法。

（三）本册目标

统编语文二年级上册教材从内容上看，主要任务是识字、写字、课文的朗读和词句的理解。从学生的长远发展来看，词语的积累运用、口语表达能力的培养、增强学生发现、探究、解决问题的能力也是教学重点。难点是识字、写字和课文的朗读。具体目标为：

1. 识字与写字

（1）有学习汉字的兴趣，有主动识字、写字的愿望。会读会认常用汉字450个。

（2）书写姿势正确，注意汉字的间架结构，规范书写常用汉字250个，养成良好的写字习惯。

（3）学习独立识字，学习使用部首查字法查字典。

2. 阅读

（1）喜欢阅读，感受阅读给自己带来的快乐。养成爱护图书的习惯。

（2）用普通话正确、流利地朗读课文。学习默读。

（3）能用结合上下文、联系生活经验、借助插图、拆词法等方法了解课文中不懂的词句的意思，

（4）能对感兴趣的人物和事件发表自己的感受和想法，并乐于与人交流。

（5）诵读儿歌和浅近的古诗，展开想象，获得初步的情感体验，感受语言的优美。

（6）在阅读中体会句号、问号、感叹号所表达的不同语气。

（7）在阅读中积累词语、成语和格言警句、背诵优秀诗文，课外阅读总量不少于 1.5 万字。

3. 口语交际

（1）能认真地听别人讲话，了解主要内容。

（2）用自己的话较完整地讲述小故事，能简要讲述自己感兴趣的见闻。

（3）与别人交谈时态度自然大方，有礼貌。

（4）有表达的自信心。积极参加讨论，敢于发表自己的意见。

4. 写话

（1）对写话有兴趣，留心周围事物，写自己想说的话，写想象中的事物。

（2）在写话中乐于运用阅读和生活中学到的词语。

（3）根据表达的需要，学习使用逗号、句号、问号、感叹号。

二、研教材

救人最怕病因不清，育人最怕教材不明，研教材不仅是理解教材中每个知识点，更是对教材的整体把握。教师研究好教材就能够把前后相关的知识整合起来。如同教学中的点、线、面、体一样把整个学段的知识纵向、横向地联系起来形成一个体，在教学中无论从哪个知识点切入，教师都能随心所欲地驾驭教材。

（一）二年级上册教材编写特点

1. 充分发挥教材在立德树人方面的独特价值和优势

按照"整体规划、有机融入、自然渗透"的基本思路，将社会主义核心价值观、中华民族优秀传统文化、革命传统教育、良好的思想道德风尚等人文教育内容自然地融合在教材中。一方面，通过"家乡""伟人"等单元主题的设定以及新课文的加入，加大上述教育内容的比重，增强学生的民族自豪感和爱国主义情感。另一方面，为学生提供相关语料，拓展阅读。通过"我爱阅读"栏目中的文章，让学生了解古代先贤的丰功伟绩，感受革命先烈壮怀激烈的故事；通过"日积月累"栏目，让学生读背优秀古诗词和立志、勤学、忠厚等方面的名言、警句、俗语，使学生在积累语言、积淀文化的同时，受到思想情感的熏陶感染。

2. 双线组织单元结构，语文能力的发展有了更清晰的梯度目标

本套教材在教什么、学什么方面有了非常清晰的目标。教材将基本的语文知识、必需的语文能力、适当的学习策略和学习习惯分成若干个知识点或能力训练的"点"，由浅入深，由易及难，分布并体现在每个单元的练习系统之中，成为语文学习的要素。每个单元既有较为宽泛的人文主题，又有非常明确的语文学习要素，这种双线组织的单元结构，使对知识和能力的要求更加清晰，使教学更加有章可循。

3. 关注语用，引导学生在真实的情境中学语文、用语文

关注语用是本套教材一个鲜明的特点。如有关汉字的构字规律，在一年级了解形声字"形旁表义"的基础上，本册教材通过语文园地六"我的发现"栏目，进一步揭示形声字"声旁表音"的特点，学生掌握形声字的这些构字规律，可以为今后的自主识字打下基础。又如，编排有关标点的知识，是为了引导学生进行规范的书面表达；学习打比方，是为了让学生的语言表达更生动有趣……关注语文知识实际运用的价值，将"死"知识变成"活"知识，是教材在语用方面的一个重要举措。

4. 重视学生自主的阅读实践，构建课内外紧密结合的课程体系

扩大学生的阅读量，培养学生自主的阅读实践是本套教材编排创新的一个体现。本册教材除了课文，还有语文园地编排的供课内外拓展阅读的材料"我爱阅读"，其编排思想与一年级的"和大人一起读"一脉相承。这一板块的内容，以学生的自主阅读、自主交流为主，是一种非功利、无压力的阅读。

此外，从一年级延续下来的"快乐读书吧"栏目，对每学期的课外阅读进行系统指导。与一年级下册的读童谣和儿歌相衔接，二年级上册推荐的是读童话故事《没头脑和不高兴》，通过学习伙伴间的对话，传递读一本书要关注的基本信息，还提示学生要养成爱护书籍的好习惯。

从课文到学生自主阅读的"我爱阅读"，再到引导学生课外阅读的"快乐读书吧"，整个教材形成了一个课内外紧密结合的课程体系，促进了学生

语文素养的全面提升。

（二）教材编写体例

本册教材围绕人文主题和语文要素双线编排阅读单元，全册由 24 篇课文组成 7 个阅读单元，由 4 篇识字课组成 1 个识字单元。每个单元由 3—4 篇课文（包括课后思考练习题）和 1 个语文园地组成。语文园地编排了"识字加油站""字词句运用""写话""书写提示""我的发现""展示台""日积月累""我爱阅读"等栏目，其中"写话""书写提示""我的发现""展示台"在各单元语文园地中穿插呈现。

本册课文（除两篇特殊课文）全文注音，有些字根据普通话在语流中的读音，标注为轻声或变调。课文外的其他生字一律按字注音（注：题干不注音），如"蘑菇"的"菇"，在语文园地四"我爱阅读"《画家乡》中按照注音体例，标注的是本音 gū。

要求认识的字标注在课后识字条中，已经认识的多音字，它的第二个读音在文中第一次出现的时候，这个多音字也标注在识字条中，用蓝色标识。要求会写的字标注在田字格中，并附描红字，方便学生练习书写。

教材最后有 3 个附表：识字表、写字表和词语表，分别是本册要求认识的 450 个生字，要求会写的 250 个生字，及本册要求会写的词语。

（三）内容结构

从人文主题的角度来说，二年级上册的选文内容非常丰富，24 篇课文 7 个阅读单元，大体围绕"大自然的秘密""儿童生活""家乡""思维方法""伟人""想象""相处"等人文主题编排。

（四）知识整合

1. 识字

第一学段的首要任务是识字与写字，本着多认少写的原则，识字教学是一二年级教学的重中之重。在一年级时我们借助拼音这个工具认识了很多生字，二年级上册除了继续借助拼音识字外，本册教材还涉及了多种多样的识字方法供学生们选择，与人教版教材相比，方法更加多样：

（1）在文中识字

本册教材中的 450 个要认的生字大部分是由课文承载的，每篇课文的后面都有 10-14 个识字任务。学生们可以在阅读中通过反复与生字"见面"进行识记；教师也可以目标明确地设计识字教学，每节课重点讲解一部分生字，通过字源字理、讲故事、形声字、加偏旁等各种各样的方法识字，这种一课一得的识字方法可以让孩子们每节课都有新收获。

（2）设立独立的识字单元

另外本册书还专门设立了一个识字单元，采用孩子们喜闻乐见的韵文形式，让孩子们在读儿歌的过程中学习生字。如《场景歌》借鉴传统诗词常用的意合法，用数量词串成四个不同的场景，孩子们在四组场景中认识事物，认识汉字；《树之歌》介绍了祖国大江南北常见的树木，让孩子们从中认识一类带有木字偏旁的汉字；《拍手歌》在玩乐中渗透爱护、保护动物的思想同时让孩子们识字；《田家四季歌》展现了乡村美丽的四季景色，歌颂了勤劳朴素的生活，同时还带领孩子们识字。这些意境优美，韵律和谐的识字课，能使学生在识字中受到各方面的熏陶。

（3）多种集中识字的方法

字理识字。利用形声字的构字规律，将同偏旁的汉字进行归类学习。如《树之歌》集中学习 8 个木字旁的汉字；语文园地五的"识字加油站"，教材根据"峰、锋、蜂""幕、墓、慕""抄、炒、吵"3 组字的字形特点，创设问题情境，引导学生根据偏旁的特点判断字义，把生字选入恰当的语境中。

事物归类识字。如，语文园地六列举了常见的车和船的名称，语文园地八呈现的"海滩""沙漠""高原""悬崖"4 组场景中的一些代表性事物，通过图片的展示，并借助生活经验，学生能比较直观地了解生词的含义。

生活识字。如语文园地三列举了 9 种课余活动的名称；学生联系生活实际，就能了解生词的意思。教材还以学习伙伴"我会踢足球，还会拉二胡"为示范，引导学生介绍自己的课余生活。语文园地四，呈现的是一张普通的火车票，提示语"从火车票上也能认识很多字"，强化了"生活处处皆语文"的理念，引导学生随时随地主动识字。

查字典识字。本册教材在语文园地二介绍了部首查字法，这是学生独立识字经常使用的方法。教材介绍了部首查字法的步骤要领，对其中较难的两个步骤还进行了专门练习。编排"用部首查字法，查查儿歌中不认识的字"这一题目，希望查字典的练习不是纸上谈兵，而是要真正落实用字典查字的实践之中。为了进一步提升学生使用部首查字法的能力，教材在语文园地七还安排了独体字的查找练习，在后续年级还将安排一些特殊字形的查找练习，以全面提升学生查字典的能力。

自主识字。教材十分重视培养学生自主识字的能力。在一年级对汉字的偏旁、结构、汉字的构字原理有了初步了解的基础上，针对二年级合体字增多的情况，教材进一步强化了形声字形旁表义、声旁表音的规律，并充分利用这些规律，引导学生大胆地猜读生字，自主学习课文。语文园地六的"字词句运用"，引导学生根据词语的意思来猜测多音字的读音；语文园地八根据形声字声旁表音的规律，猜测拟声词"啪、唰、吱呀"等的读音。在学习了音序查字法和部首查字法两种查字典的方法后，教材在《大禹治水》的课后练习中，针对"挡水、疏导、驱赶"中这些加点的生字，提出"你知道下面词语中加点字的意思吗？先猜一猜，再查查字典"。这就是培养学生综合运用多种方法自主识字的一种练习设计，学生可以联系上下文、借助生活经验和汉字的构字规律，大胆猜字，最后用查字典的方法来验证自己猜测的结果。此外，教材还专门编排了两篇全文不注音的课文《纸船和风筝》《风娃娃》，着力培养学生自主识字的能力。

2. 写字

本套教材从一年级开始就十分重视写字基本功和书写习惯的培养。一级在要求书写的字旁边呈现新笔画，每一个要写的字都做了笔顺跟随的处理；"书写提示"强调汉字书写的基本规则，强调正确的写字姿势和良好的写字习惯，在一年级正确书写 300 个汉字、掌握了汉字的基本笔画和基本笔顺的基础上，二年级上册不再呈现新笔画，要写的字也不再做笔顺跟随处理。要求写的字，优先选择构词率较高、笔画比较简单的字，其中有的是本课新认识的字，有的是以前认识现在又在课文中出现的字。二年级上册加大了写字的量，全册写字 250 个，每课要求写 8—10 个字，有助于打好写话的基础。"书写提示"重点指导了"左窄右宽，左宽右窄""左短右长，左长右短""左右相等"等字形结构的书写规则，并提示了一些良好的写字习惯。如"写字时要保持正确的坐姿和执笔姿势""先看后写，才能减少修改次数，保持页面整洁"等。为后面三年级在方格中书写打好基础，做好铺垫。

3. 阅读

（1）语文要素多角度多层次的训练

本册教材与人教版相比每个单元都围绕一个人文主题进行选材，但是统编教材在每个单元的开始都多了可操作性的语文要素的设计，让教师有章可循，让学生学习时目标明确。特别是围绕同一个语文要素会进行多角度、多层次的训练。在落实课标中要求"结合上下文和生活实际了解课文中词句的意思"这个目标时本册第一单元的语文要素是这样要求的"积累并运用表示动作的词语"，这个单元 3 篇课文的课后练习及语文园地的"字词句运用"，都紧密围绕这个要素进行反复练习，确保这一要素得以落实。让学生在学习时有积累的意识。又如，第四单元的语文要素是"联系上下文，理解词语的意思"，教材在《黄石奇石》《葡萄沟》两篇课文中，分别以"陡峭""五光十色"为例，提示学生要联系生活、结合语境理解词语的意思，通过这样的形式教会学生学习理解词语的方法；在语文园地的"字词句运用"中，教材又以"隐蔽""烦恼""流连忘返"为例，让学生结合语境大胆猜测词语的意思，又教会学生另一种理解词语的方法。这样的编排，体现了一个新知从学习借鉴到理解运用的过程，形成了一个相互联系的有机整体，学习起来也比较容易。

（2）语文要素循序渐进，螺旋递进

本册教材的语文要素在不同年级、不同册次之间的衔接与发展，努力做到循序渐进，螺旋递进。如针对语文要素"借助图画阅读"，一年级上册主要是借助图画猜读指定的生字，到一年级下册发展为不仅是借助图画，还利用形声字的特点、联系上下文等多种方法来猜读指定的生字、了解课文内容。而在二年级上册，这一能力则发展为独立阅读全篇不注音的课文，综合运用所学的识字方法猜读生字，猜不出来的字可以查字典，真正做到自主识字。

又如在"复述"能力方面，二年级下册《小蝌蚪找妈妈》一课提示借助图片来讲一讲小蝌蚪找妈妈的故事，而到了《蜘蛛开店》则变为借助示意图来讲故事，《羿射九日》里安排借助表格讲故事，一步一步增加难度，为三年级概括课文的主要内容做好准备和铺垫。

（五）近年大型考题分析

通过对近三年期末测试卷的分析发现课程内容领域与分值分布如下：

课程内容	基础知识	课外阅读与诵读	阅读	写话	书写
分值分布	45—60分	5分	20—30分	15—20分	3分

基础知识的第一题为看拼音写词语，重点考查两个都是一类字的词组，或易错的一类字：如"旗、秤杆、傍、散、展"多次重复出现，这就要求老师们首先在课堂教学中初次见面时就加深印象，如"旗"字书写，很多孩子会丢掉右上角的卧人，我们可以联系生活实际来识记：旗子是方形的所以要先写方，升旗手要把它升起，所以有一个卧人，因为它是形声字，右下表音是个"其"字。"散"字也是孩子们经常会写错的，很多孩子"月"字撇没有变竖，右面错写成三笔折文。在教学中我们可以帮助孩子归类总结：如"月在下撇变竖，三笔折文在左、在上或在下，想处冬夏，四笔反文很特别，常住字的右边边，想散收放。"除此以外还要经常复习，及时巩固，特别是易错字、字形相近的字，要及时讲解。用小儿歌、顺口溜、形声字辨析法识记、区分。

其次是对二类字、多音字的考查，有时以"请选择正确的读音、生字打对钩为题干"；有时以"选择下列字音全对的一组是（　）"为题干。要求学生平时在读课文的过程中就认识二类字，认清字形，读准字音。我们在第一课时朗读课文时就一定要让每一个孩子都能读准每个字的字音，朗读是很好的途径。多音字在不同语境中的不同读音需要多种题型多次见面多运用不断强化练习。

接着是以考积累为主的题型，如正确填写量词、动词、形容词类的词语填空：课文中的四字词语、语文园地日积月累中的词语。这就要求老师们有语用意识，注意积累，多读多练多写多积累。还会考查学生对词语意思的理解，用其中的一个词语写句子，或是用词语填空，要求平时课堂多练习写完整的一句话，特别注意句末一定要加标点。

例：2020年的期末测试题为：补充词语，然后写句子。（8分）

四（ ）八（ ）   风（ ）日（ ）   （ ）言（ ）语

出题意图：不但考查学生的词语积累还考察学生对词语的理解及审题能力。它的分值如下，补充词语每空1分，选词写句子2分，句子通顺完整得1分，标点正确得1分。

还考查学生的审题能力，可以在关键词上圈出如上题中的"补充""写句子"等关键词，这样就不会出现因不写句子而丢分的情况。

每年都会有3-5分考学生对查字典掌握的情况：部首法、音序法都应该掌握。以填空、填表为主，试卷上音序法先查大写字母，孩子们易写成小写字母，再查几画时，容易加上部首。这些内容不是一节课就可以解决的，需要学生不断巩固练习，教师要培养学生随时把字典带在身边，遇到生字就查字典的好习惯。

下面就是句子练习了。如：照样子仿写句子，以课文中的典型句子和语文园地中的词句段为主。老师们平时一定要把每一个单元的语文要素落实到位，可以让学生先读，再说，最后落实到写。注重检测，这样才能在考试中取得好成绩。

诵读与阅读也是必考内容每个都占5分。主要考查学生对《主题诗文诵读》的积累背诵情况以及课外阅读的开展情况，以连线、判断、填空为主，只要老师们在平时的晨读课和课外阅读课上带领学生扎扎实实地学习，这几分应该都能得到。

阅读题主要考查短文有几个自然段；某一段里有几句话；对阅读内容的把握；抓住关键信息进行填空，如"文中把山石都比作了什么（　）（　）（　），文中都写了哪些地方（　）（　）（　）"；针对文章中的内容判断对错等题型。这就要求老师们在平时的课堂上下功夫，第一课时读课文后让孩子标清每个自然段，能找出文章中的关键信息，用笔圈画出来，平时的单元测试题尽量靠拢期末测试题。

最后就是写话，有时候是看图写话，有时候是直接写话，如：写自己喜欢的玩具。写话的重点是：能写清图意（写清楚什么时间？谁？在哪儿？干什么？展开想象写出活动中人物的表情或动作或心情）语句通顺，标点正确。这就要求老师们在平时的看图写话中要围绕这几个要求，告诉孩子看图的方法，写话的方向，抓住图上的关键信息大胆想象恰当运用自己积累的好词进行书写。还要注意书写的美观和速度。

三、研实施

学生是语文学习的主体，教师是学习活动的组织者和引导者。语文教学应注重培养学生自主学习的意识和习惯，重视培养学生读书、写作、口语交际、搜集处理信息等语文实践能力，还要注重语言和积累、感悟和运用。注重基本技能训练，让学生打好扎实的语文基础，提高学生发现问题、分析问题和解决问题的能力，提高语文综合应用能力。

（一）教学实施

1. 识字写字

低年级要求多认少写，认写分离，对于要求认识的字。在课文中认会，换个语境还能认识即可，强调的是整体的认识。

提倡在语境中识字，在阅读中巩固和运用所认识的字。在语境中识字，可以利用语境提高识别汉字的准确度，这样即复习了音形义，还能加强文字的运用，形成长期记忆。

加强写字的指导，指导学生在观察的基础上书写汉字，注意字的间架结构和关键笔画，左右结构、上下结构、包围结构等结构的字要让学生发现其规律。

2. 阅读

二年级重点在朗读指导，通过朗读培养学生语感。每次朗读教师要做到目标明确。如读准字音，读通句子，读好长句子，读好关键词等。关键时刻教师的示范也必不可少。

朗读的形式要多样，对于低年级的孩子还要以兴趣为主，可以设计相应的情境，让孩子们兴致盎然地朗读。

古诗的教学重在反复诵读，在读准字音的基础上读出节奏美，韵律美，因我校有经典诵读的开展，所以可以让孩子在读的过程中感受画面，有感情地熟读成诵。

利用每周一阅读课的专用时间，做好整本书的"阅读的开启课""推进课""总结提升课"的交流。本学期重在指导孩子关注作者和封面，对目录的内容有一个大胆的猜测。后面主要以复述自己喜欢的故事、自己喜欢的人物为主。

3. 口读交际

本册共安排四次口语交际的练习，重点落在按顺序说，合理使用商量的语气。在口语交际中要遵循学生口语发展的规律，由浅入深，有层次、有梯度地展开教学。在教学中要引导学生由不会说到会说，由说不好到说得好，由说不清到说得清，重在学生成长的过程，并在日常生活中运用，不断地提高自己的口语交际能力。

4. 写话

本学期重在培养学生书面表达的兴趣。在看图的过程中，教会学生审题、学习观察、学习联想。多练写，字数不限，自由表达。

5. 本册整体设计思路

我对二年级上册教材的分析，下面用图表的方式呈现本册的整体规划。

单元	选文	人文主题	语文要素	单元目标	计划用时
一单元	《小蝌蚪找妈妈》《我是什么》《植物妈妈有办法》	大自然的秘密	积累并运用表示动作的词。	1. 运用恰当的方法认识 55 个生字，会写 30 个生字，掌握多音字"教、为、得"。 2. 能不卡壳、不顿读、不回读地朗读课文，背诵课文。 3. 找到文中的动词，通过朗读表演体会动词的妙处。 4. 感受大自然的神奇。	2.5周
二单元	《场景歌》《树之歌》《拍手歌》《田家四季歌》	识字	不同的语境中识字。	1. 运用归类识字法认识 49 个生字，规范书写 46 个生字。 2. 能正确流利地朗读课文，背诵课文。 3. 感受校园生活的美好，珍惜时间好好学习。	2周
三单元	《曹冲称象》《玲玲的画》《一封信》《妈妈睡了》	儿童生活	阅读课文，说出自己的感受和想法。	1. 运用合适的方法会认 61 个生字，会写 35 个生字。 2. 正确流利地朗读课文，注意长句子的正确停顿。 3. 学习课文，明白遇到事情要自己主动思考，寻找解决问题的办法。	2周
四单元	《古诗二首》《黄山奇石》《日月潭》《葡萄沟》	家乡	联系上下文和生活经验，了解词语的意思。	1. 运用合适的方法认识 62 个生字，会写 42 个生字。 2. 正确流利地朗读课文，背诵相应段落。 3. 积累好词好句。	2.5周

续 表

单元	选文	人文主题	语文要素	单元目标	计划用时
五单元	《坐井观天》 《寒号鸟》 《我要的是葫芦》	思维方法	初步体会课文讲述的道理	1. 认识 62 的生字，会写 41 个生字。 2. 朗读课文，了解故事的主要内容。分角色朗读课文。 3. 体会每个故事告诉我们什么道理。	2周
六单元	《大禹治水》 《朱德的扁担》 《难忘的泼水节》	伟人	借助句子，了解课文内容。	1. 认识 39 个生字，正确美观书写 24 个生字。 2. 正确流利地朗读课文。读好带生僻字的长句子。 3. 感受伟人精神。	2周
七单元	《古诗二首》 《雾在哪里》 《雪孩子》	想象	展开想象获得初步的情感体验。	1. 会认 39 个生字，会写 24 个生字。 2. 能不加字，不丢字地朗读课文。背诵古诗。 3. 学习默读，试着做到不出声音。 4 图文对照，大致理解古诗的意思，想象说话，体会雾的淘气。续编故事。	2周

单元	选文	人文主题	语文要素	单元目标	计划用时
八单元	《狐假虎威》《狐狸分奶酪》《纸船和风筝》《风娃娃》	相处	借助提示复述课文，综合运用多种方法自主识字，自主阅读。	1. 运用学过的方法认识39个生字，正确美观地书写24个生字。2. 理解相关词语的意思。3. 朗读课文，明白课文蕴含的道理。4. 借图提示复述课文。	2周

（二）评价建议

1. 识字写字

识字教学评价可以每两周进行一次"识字大王"的比拼，增加识字兴趣；也可以进行实践活动，利用所学的方法认识生活中的字；还可以自己设计识字小报，识字小故事等交流活动。

写字评价注重汉字的间架结构，找到书写规律，区分形近字，要以表扬鼓励为主。每天批阅书写等级如A为笔画工整，结构合理、书写美观；B为书写工整，但结构不够合理；C为书写较乱；用等级督促写字。还可以每周评选"书写小明星"把孩子们的优秀作品在班级墙报上展示，也可以拍照片在微信群中大力表扬。

2. 阅读

在教会学生阅读的方法之后用评价促朗读。如教给孩子朗读的方法：注意不同人物的不同语气；注音提示语；注音标点符号；抓住关键词等。用评价促朗读，进行教学评价一致性地深入研究，例如，你读出了小蝌蚪找妈妈的动作；你通过重读词语读出了小蝌蚪内心的着急等。

用活动来评价朗读。本册书以童话为主，对话较多，可以在读熟的基础上，让孩子声情并茂地表演读。利用学校的公众号"小小朗读者"将优秀作品进行上传，让更多的听众听到我们优美的声音。

3. 口读交际

重点评价说没说清楚，听没听明白，是否迁移到日常生活中。

4. 写话

多范读展示优秀作品，从各方面培养学生积极书写的兴趣。让孩子有成就感。将优秀作品上传在二小公众平台，或者打印成书。

5. 期末测试预测题

（1）识字写字积累方面的题型可能有：

① 看拼音写以下词语：

海洋　秤杆　散步　展现　队伍　唱歌　傍晚　队旗　经常　告诉
知识　活泼

② 我会选择正确的读音或生字，并在下面划"√"。

淹没（méi mò）　　重新（zhòng chóng）　　结束（jiē jié）
（进　近）出　　（戴　带）领　　（漂　飘）流

③ 读句子，给加点的字选择正确的读音，打"√"。

爷爷一直难（nán nàn）以忘记他年轻时的患难（nán nàn）之交。

宋金把得来的花种（zhǒng zhòng）种（zhǒng zhòng）在了花盆里。

小红兴（xīng xìng）奋地跑到小明面前，说："小明，再次见到你实在是太高兴（xīng xìng）了。"

④ 填空，并用其中一个词语说一句完整的话。

（　）（　）活现　　　（　）弓（　）影　　　只（　）（　）语
四（　）（　）家　　　名（　）（　）川　　　（　）底（　）蛙

⑤ 我会查字典

要查的字	大写字母	音节	部首	除去部首有几画	组词
害					
慢					

⑥ 我能把句子写生动

（　　　　）的天空上有（　　　　　）的星星。

哥哥一边（　　　　　）一边（　　　　　）。

（2）阅读理解：

① 短文一共有（　）个自然段。第三自段是围绕第（　）句话来写的。

② 文中写了小花都找谁做朋友（　　　　）（　　　　）（　　　　）。

③ 请用波浪线画出文中表示动作的词语。

④ 根据短文内容判断对错。

（3）写话：

① 仔细上面的图，想一想可能是什么时候，都有谁，在哪儿？做什么？展开想象写出人物的动作或语言心情。语句通句，字迹工整。

② 写一写你喜欢的玩具，它是什么样子，好玩在哪儿？有什么特别之处。

③ 写一个你最好的朋友，他长得什么样，他喜欢什么。

（三）课程资源开发与利用

充分好利用好课程资源，如课本中的泡泡提示语、插图、课后习题等资源。合理整合，高效教学。

适当使用多媒体资源，利用丰富的图片，动画设计等调动学生的积极性。形成感观的刺激，留下深刻的印象。

最后还可以利用社会资源，如《我要的是葫芦》，就可以让孩子亲自去种一棵葫芦了解其生长过程。

针对统编教材"双线并行"的编排特点，需要每一位教师都具有专业的解读能力，通过"研课标，研教材，研实施"对所教学科的课程标准和教材之间进行解读和研究，打通课标、教材、教学之间的关系，做到心中有目标，脚下有力量。

苦练内功从三研开始

语文统编版五年级下册全册三研

语文学科组　李改艳

李改艳，2002 年 9 月参加工作，现为包头市九原区沙河第二小学六年级语文教师，并担任年级组长；区级班主任能手，班主任学科带头人；所带班级多次获得"市级先进班集体"。执教以来，不断要求进步，深入研究教材，从科研方面努力，并积极参加华师教育研究院与学校合作的以"三研"为核心的"青云工程"项目。在教学中探究，在探究中反思，在反思中成长。"读如江海文始壮，腹有诗书气自华"，这才是语文教师的底气与功底！愿成为一个有文学修养和精神食粮丰裕的人。

导　言

《义务教育语文课程标准（2011 年版）》（以下简称《课标》）中明确指出，"语文课程是一门学习语言文字运用的综合性、实践性课程"，语文课程理应有自己的"知识体系""能力体系"和"训练体系"，语文教学理应把引导学生学习必备的语文知识、培养学生理解运用语言的关键能力、全面提升学生的语文素养放在突出的地位。结合我校实际，我们紧紧围绕培养目标，积极构建"至诚，至善，至美"的立体整合课程体系，在与华师教育研究院合作期间，结合以往的教材解读方式，逐渐形成了有自己特色的"至诚三研"。

"三研"内涵：运用知识树和思维导图的形式，对一门学科的一册书、一个单元或一类知识的课程标准和教材进行解读和整合，打通课标和教材之间的关系，结合学校和自己的教学实践，研究教学建议、评价建议和课程资源开发建议的一种教研活动。

下面我就 2019 年教育部审定统编版义务教育教科书五年级语文下册整册书进行"三研"探索汇报。

一、研课标

课程标准在总目标之下，按一到二年级，三到四年级，五到六年级，七到九年级四个学段，分别提出学段目标与内容，体现语文课程的整体性与阶段性，各个学段互相联系，螺旋上升，最终全面达成总目标。

学段目标与内容，从识字与写字、阅读、习作、口语交际、综合性学习五个方面，加强语文课程内部诸多方面的联系，促进学生语文素养的全面协调地发展。

明确目标，需要教师认真研读《课标》，然后层层剥茧，理清本学科的总体目标和阶段目标。总目标和学段目标在这里不再赘述。再从学段目标中分离本年级目标、本册书的目标。具体本册目标细化如下：

（一）识字与写字教学

本册要求学生识字 200 个，写字 180 个，并把字写端正。在强调写字质量的同时，还可适当要求学生提高写字的速度，并养成良好的写字习惯。

（二）阅读教学

1. 继续加强阅读基本功的训练。

使学生能够正确、流利、有感情地朗读课文，且默读要有一定的速度，默读一般读物每分钟不少于 250 字。要求学生知道文章的大意，并能一边默读一边思考，主动在文章中圈点批画、标出疑问，就课文内容提出比较有质量的问题。能快速地浏览收集信息。

2. 发现语言规律，学习表达方法。

使学生能理解重点词句，学习推想：先理解词句表面或语境中的意思，再说出深层次或言外之意，知道词语在文中的感情色彩，练习从感悟、表达特点、评价人物、鉴赏语言等方面进行批注，说出其表达作用，体会作者的情感，揣摩叙述顺序，领悟表达的方法，了解说明的方法。

3. 把握每个单元丰富的人文内涵，把情感、态度、价值观的目标落到实处。

（三）口语交际教学

1. 激发兴趣，引起学生交流的欲望，体现双向互动。

使学生积极参与讨论，让他们敢于在商量办法，策划活动，排练，评价表演、印象、效果及原因时发表自己的意见。有不清楚的地方可以询问，还可补充情节，谈自己的观点。

2. 不断提高学生的口语水平，培养良好的语言习惯。

认真、耐心地听他人说话。目视对方，边听边思考，思考有深度。能用适度的目光、肢体行为等表达倾听的效果。做到边听边针对部分词语、句段进行比较合理的想象。

（四）习作教学

1. 进一步明确小学生作文的性质。小学生作文的性质是练笔、是习作，不是创作。

2. 培养观察、思维、表达三种能力。

自觉地进行书面表达，能及时地记录自己有感而发的事情，并把书面表达作为展示自我内心体验及与人交流的最常用的倾诉方式。能积极、主动、全方位地深入生活，捕捉生活中有价值的写作信息。具备独立、敏锐、有准备地边观察边思考的意识。观察时注意对象分组、筛选，化难为易，化杂乱为有序。继续积累生动形象的词语，积累有感情色彩和思想内涵的词语。继续掌握积累语言的方法，主动地积累生活中鲜活的语言，并根据自己的需要积累好词、佳句、美文。

3. 本册内容以纪实作文，想象作文，读书笔记为主要训练内容。具体要求：

内容具体，感情真实，书写规范，可以做到自己修改习作。

（五）综合性学习

综合性学习，要提高学生策划、规划自己学习的能力，结合信息技术课，独立操作电脑、使用电脑，并且写研究报告。培养学生用多种途径、方式解决实际问题的能力以及综合运用能力。

二、研教材

（一）教材的内容框架

本册教科书安排了 8 个单元，其中 6 个单元是由人文主题和语文要素双线结构组成的单元，其人文主题分别是"童年往事""古典名著之旅""家国情怀""思维的火花""异域风情""风趣与幽默"。有两个单元比较特殊：第三单元"遨游汉字王国"是一个综合性学习单元，是围绕汉字和汉字文化编排的；第五单元"具体地表现一个人的特点"是一个习作单元，是围绕习作能力的培养编排的。

（二）编写特点：

1. 双线组织单元，加强单元整合。

围绕"人文主题"和"语文要素"的双线组织单元 ，除了加强了不同年段、不同册次之间的纵向联系，体现由易到难、由浅入深的发展梯度，还着力加强了单元内部的横向联系，使各板块内容形成合力，共同促进学生发展。每个单元设有导语，在单元导语中明确了语文要素。贯穿方法的学习与运用，在语文园地中安排"交流平台"栏目，进一步强化语文要素。梳理、总结，提炼学习方法，某些单元的"词句段运用"和"习作"还引导学生实际运用本单元的学习方法。单元各部分内容环环相扣，相互配合，使每个单元都形成一个系统。

以第二单元"名著之旅"为例，可以让学生在开学之初或者在之前的假期就开启阅读，结合"快乐读书吧"激发他们读名著的兴趣，关注名著人物，品读精彩故事。每天的课前三分钟，可以将教学内容与电影、电视剧相结合，让学生得到更多的阅读乐趣。当进行课文教学时，就可以直击语文要素，让学生初步学习阅读古典名著的方法：联系上下文猜测语句；遇到难理解的字词应粗知大意，适当跳读；查阅资料；借助影视；思维导图及写读后感或者编演课本剧。前三个方法要在课堂上精讲多练，后两个方法则在前期已经铺垫，这样学生的学习效率会大大提升，最后的写读后感和编课本剧，则要在学生充分的准备下厚积薄发，水到渠成！

2. 强化阅读，构建三位一体的阅读体系。

阅读教学应形成"精读""略读""课外阅读"三位一体的阅读体系，精读课文，略读课文和"快乐读书"各自承担着不同的功能：精读课文帮助学生学习方法，略读课文帮助学生运用方法，"快乐读书"使课外阅读课程化，引导学生进行大量阅读实践。通过这样的设计，使得课外阅读和课内阅读有机整合，共同促进学生阅读能力的提升。

3. 重视方法指导，促进能力提升。

语文园地中的"交流平台"，集中体现了学习方法的指导与运用。大部分单元的"交流平台"，都聚焦学习方法，围绕本单元的语文要素，从学生的学习实践中提取可迁移运用的方法，总结出一些最基础的、最重要的学习经验，使学生对本单元的语文要素有更进一步的认识。同时，要在练习活动中渗透方法，培养学生的方法意识。教科书中的每一个练习活动，往往不只是简单提出一个学习要求，而是引导学生运用某种方法完成学习任务，开展学习活动的过程也是方法运用的过程，这些练习活动蕴含的学习方法，都可以举一反三地运用于今后的阅读和表达实践中。

4. 突显实践性，加强语言文字运用。

教科书着力加强语言文字的运用，不论是练习活动的设计，还是语文园地的内容安排，都引导学生联系生活，在生活情境中运用语文，突显语文课程实践性的特点。比如，关于词语的练习活动，关注词语所蕴含的情感色彩，但又不只是关注相关的语文知识，而是促使学生调动生活经验，在具体的生活情境中学习词语、运用词语，提高学生对词语的把握能力。教科书还努力加强阅读和表达的联系，促进读写结合，使学生将阅读中的收获运用于自我表达，使学生的语文学习与生活实际紧密结合起来。

（三）不同版本教材比较

1. 识字与写字

统编教材按年级新增了"书写提示"，涵盖了书写习惯、书写速度、间架结构、行款章法及书法欣赏等方面。它重视行款整齐，内容上以句段、篇章为主，并对句段、篇章的抄写提出了明确的要求，便于学生掌握书写要领，也对书写评价提出了明确的要求。如《语文园地四》中的书写提示：标题和作者要写在醒目的位置，段落要分明。结合我区对书写的重视，所以语文测试中会单独拿出 3 分测试书写，我校提出的"全面育人的九个一"中着重强调学生要拥有"一笔好书写"，所以书写仍是训练重点。

2. 阅读

新增非连续性文本。如第七单元 20 课《金字塔》。编排具有创新性，相同的内容，不同的文体。学生的阅读面拓宽，更具实践性。获得知识的渠道更多，帮助学生增强提取信息的能力。六年级上册《故宫博物院》也是非连续性文本，在提取信息方面又有了更细致，更高的要求。教师在教学时要多关注这类型的文章。

3. 习作

新编习作单元。第五单元"具体地表现一个人的特点"是一个习作单元，是围绕培养学生的习作能力编排的，习作更有指向性，要求更明确。习作训练要求学生要先读好例文、把握重点，好好体会感受例文是怎样写的，关注表达方法，再结合自己的亲身体验去练笔，这样才会学有所获。这是本册书的教学重点，两个版本都出现了这个单元，但是统编版目标更明确，直指学生的习作表达，要求学生学练结合、评析鉴赏，从而达到学习目标。

可以看出两个版本都对学生的实践活动比较重视，教师教学时应严格按照要求让学生充分体验锻炼，从而学有所用、融会贯通。我

（四）教材内容整合

每单元都以表格的形式进行呈现：

单元主题	课文	语文要素	词句段训练点
第一单元 童年往事	1. 古诗三首《四时田园杂兴（其三十一）》《稚子弄冰》《村晚》 2.《祖父的园子》 3.《月是故乡明》 4.《梅花魂》	1. 体会课文表达的思想感情。 2. 把一件事的重点部分写具体。	1. 认识42个生字，读准3个多音字，会写18个字与词语。 2.背诵《四时田园杂兴（其三十一）》《稚子弄冰》《村晚》。 3. 根据例句想象情景进行仿写。 4.学习用对比的方法表达感情。
第二单元 古典名著之旅	5.《草船借箭》 6.《景阳冈》 7.《猴王出世》 8.《红楼春趣》	1. 初步学习阅读古典名著的方法。 2. 学习写读后感。 3. 通过人物描写体会人物特点。	1. 认识49个生字，读准4个多音字，会写26个字，会写12个词语。 2.了解古今异义的词句。 3. 背诵《鸟鸣涧》。
第三单元 遨游汉字王国	《汉字真有趣》《我爱你，汉字》	1. 感受汉字的趣味，了解汉字文化。 2. 学习搜集资料的基本方法。 3. 学写简单的研究报告。	1. 感受汉字的趣味，了解汉字文化。 2. 学习搜集资料的基本方法。 3. 学写简单的研究报告

单元主题	课文	语文要素	词句段训练点
第四单元 家国情怀	9. 古诗三首《从军行》《秋夜将晓出篱门迎凉有感》《闻官军收河南河北》 10.《青山处处埋忠骨》 11.《军神》 12.《清贫》	1. 通过课文中动作、语言、神态的描写，体会人物的内心。 2. 尝试运用动作、语言、神态描写，表现人物的内心。	1. 认识 28 个生字，读准 2 个多音字，会写 36 个字，会写 26 个词语。 2. 背诵《从军行》《秋夜将晓出篱门迎凉有感》《闻官军收河南河北》《凉州词》《黄鹤楼送孟浩然之广陵》。
第五单元 人物描写	13.《人物描写一组》 14.《刷子李》	1. 学习描写人物的基本方法。 2. 初步运用描写人物的基本方法，尝试把一个人的特点写具体。	1. 认识 18 个生字，读准 1 个多音字，会写 30 个字，会写 16 个词语。
第六单元 思维的火花	15.《自相矛盾》 16.《田忌赛马》 17.《跳水》	1. 了解人物的思维过程，加深对课文内容的理解。 2. 根据情境编故事，把事情发展变化的过程写具体。	1. 认识 11 个生字，读准 1 个多音字，会写 22 个词语。 2. 借助注释读懂《自相矛盾》，并背诵全文。 3. 了解古今词义的异同。 4. 会用修改符号修改作文。 5. 积累关于年龄的称谓。
第七单元 异域风情	18.《威尼斯的小艇》 19.《牧场之国》 20.《金字塔地方》	1. 体会景物的静态美和动态美。 2. 搜集资料，介绍一个地方。	1. 认识 27 个生字，读准 2 个多音字，会写 30 个字，会写 28 个词语。 2. 感受色彩描写在表达上的作用。 3. 背诵积累《乡村四月》。

续 表

单元主题	课文	语文要素	词句段训练点
第八单元 幽默和风趣	21.《杨氏之子》 22.《手指》 23.《童年的发现想法》	1. 感受课文风趣的语言。 2. 看漫画，写出自己的感想。	1 认识 25 个生字，读准 1 个多音字，会写 18 个词语。 2. 借助注释读懂《杨氏之子》，并背诵全文。 3. 用类比的方式把句子写生动。 4. 用举例的方式把一件事讲清楚。 5. 积累与修身有关的名句。

（五）大型考题考点分析

以习作为例进行分析：

1. 2017 年我区小学升学考试题：

习作以"生活的主人"为题，选择自己亲身经历的一件事，写写你是怎样克服困难成为生活的主人的，还可以写写你经历过这件事的感受，要求语句通顺，有真情实感，字数在 400 字左右。在你十几年的生活中，一定经历过战胜胆小、孤独、懒惰散漫、软弱、拖拉、说谎、莽撞等事情，一点点成长，一次次变化，慢慢成为自己生活的主人。

结合了一单元"童年生活"和七单元"人物描写"，可以更直接考察学生的综合习作能力。五年级就要打好基础，将两个单元的习作夯实，关注学生真情实感的表达、人物细节的描写，再用六年级一年的时间对学生进行内容强化，让学生会认真审题，开头结尾点题，最终达到文从字顺，主题明确。

2. 2018 年我区小学升学考试题：

习作（30 分）

题目：我为 ____ 点赞

检测意图：这篇习作要求写纪实作文。纪实作文强调真实，事情真实，感情真实。这就要求学生平日要善于观察生活，积累素材。学生写社会生活画面，重点是写人，人是生活的主人公。平日的习作指导，只有要求学生从观察细节着眼，才能写得具体，才能"把新奇有趣或印象最深、最受感动的内容写清楚"（课标语）。有"实感"，才有"真情"。因此，本次习作，借事写人，既考察了学生对事情的叙写能力，又考察了学生在叙写过程中对人物的描写功底。是对学生书面表达的综合性测试。

测试意图中再次强调人物描写的重要性，把人物特点写出来，写真实、写具体，有血有肉有灵魂。所以本册书承载的内容很厚重，所占的位置很重要，教学时一定要让学生充分阅读，用心感受，揣摩作者的表达方法，夯实基础，融会贯通。

只有在学生刚接触"人物描写"的时候就打好基础，巩固才会更有效，所以提前预设学生的困难点，指导才会更加明确，教学才会事半功倍！

3.2019 年我区小学升学考试题：

本次习作（30 分）

题目：（　　　　）的启示

提示：生活中的很多小事情会带给我们启示，用心的人总能从中获得成长的力量。选择印象最深的一件写下来。

作文赋分标准：

一类作文（26—30 分）：选材新颖，事例典型，事情当中饱含着启示；写清楚了事情的过程，写出了获得的启示，重点部分内容具体，详略得当，语言生动，有真情实感。

二类作文：（21—25 分）：选材不够新颖，事例不很典型，事情中启示不很明晰；基本写清楚了事情的过程，语句基本通畅，但内容不够具体，缺乏真情实感。

三类作文：（20 分以下）选材不得当，事情叙述不具体、不清楚，叙写笼统，抓不住事情的要害与关键，启示不明，语句不通，语言贫乏。

结合近三年考题进行分析，依据"课标"第三学段习作要求："能写简单的纪实作文和想象作文，内容具体，感情真实。能根据习作内容表达的需要，分段表述。"可以看出，写人记事仍是习作的重点考察点，需要老师在教学中将涉及的单元抓实走稳，"人物描写"单元所占地位就会凸显，从内容到写法表达，都要一步步夯实，努力按一类作文要求努力，对于中下等的学生还可能会简单地去泛化的描写一个人的外貌，教师应当及时干预，先让学生给人物画自画像，突出人物的特点，只重点描写一两处，通过事件，讲人物的特点再强化细描，形成人物的特。对学生多加鼓励，多重修改，让每个孩子都有所提升。可以大胆预测小升初语文习作也会以纪实和想象作文为重，所以教学时一定要重点突出，着重强调，强化训练，关注细节。

三、研实施

（一）教学建议

1. 识字与写字教学

学生已经具备了较强的独立识字能力，因此教学要更加放手。学生在阅读中遇到不认识的字时可以查字典解决。教师要鼓励学生在课外阅读中联系上下文，理解字词的意思，个别字不认识不妨碍阅读。

本册要求学生会写的字为 180 个，教师要指导学生写好写对笔画、笔顺，安排好字的各个部件及间架结构，把字写端正。为培养学生养成良好的学习习惯以及激发学生的兴趣，可以让学生当小老师，示范书写。评选书写之星的活动，书法台进行展示。

2. 阅读教学

进行阅读教学，一定要多读少讲，尽量让学生通过自主的入境入情的朗读，读懂课文，有所感悟；要做到读有要求，读有层次，要通过多种形式的朗读，悟情传情，培养语感。读的指导，应该引导学生进入到文章的情境之中，在读中体味、感悟文章所表达的思想感情。读的指导，要从整体入手，指导学生在把握全文情感基调及其变化的基础上，根据个人的情感体验，进行有感情地朗读。

部分课文后安排了以下栏目："阅读链接"，提供与课文内容相关或语言形式相似的短小篇章或片段，由课文自然延伸，引导学生拓展阅读、对比阅读，扩大学生的阅读视野。"资料袋"，提供补充材料等方面的阅读资料；"小练笔"，提供练笔机会，引导学生由读学写；"选做"，设计更为丰富的语文实践活动，为学有余力的学生提供更广阔的发展空间。

默读训练既要提高理解水平，又要提高默读速度。教师在教学时，应该为学生留有充足的默读时间，并提供相应的方法，引导学生按照要求认真思考，在默读之后要检查学习效果。如《猴王出世》的学习提示体现了本单元的学习重点"初步学习阅读古典名著的方法"，引导学生遇到较难理解的语句时大致猜测意思后就继续往下读。

安排文言文，激发学生学习文言文的兴趣。文言文《自相矛盾》和《杨氏之子》，以学生熟悉的寓言故事和古代儿童故事，让学生结合自己的生活经验，激发学生学习文言文的兴趣。对小学阶段的文言文学习，教科书作了准确定位并通过课后题体现出对五年级学生学习文言文的要求：能借助注释等把握课文大意；朗读时能正确停顿。

3. 口语交际教学

要激发兴趣，让学生产生交流的欲望。要创设特定的情境。创设情境要把握好以下几点：一是情境的创设要真实、有意义，体现学生实际交际的需要，让学生了解在不同的场合，针对不同的对象，围绕不同的目的，要采用不同的表达方式。二是考虑到儿童的年龄特点，情境的创设还要具有趣味性，要用学生喜闻乐见的方式来激发学生的交际欲望。三是要创设多个情境，在逐渐深入的互动中，体现交际的内容由比较简单、表面，到比较丰富、深入的训练过程。要体现双向互动，如："童年往事"中建议学生"认真倾听，交流时边听边记录"，让学生在交流时学会尊重他人，养成把关键信息记录下来的好习惯。"怎么表演课本剧"中要求学生"尊重大家的共同决定"，让学生学会尊重不同想法，与之沟通后达成一致意见。　教科书意在通过一系列的目标达成，使学生学会遵守交际规则，培养学生良好的交际品质，让学生勇于交际、乐于交际。

4. 习作教学

编排专门的习作单元。第五单元是专门的习作单元，是以培养习作能力为核心编排的单元。整个单元以"学习描写人物的基本方法"为主线，通过一系列的阅读和习作活动，引导学生学会选择典型事例，并通过描写人物的语言、动作、神态等，具体地表现人物的特点。这个单元的范例与普通单元有所不同，先安排两篇精读课文，然后是"交流平台"和"初试身手"，之后是两篇习作例文，最后是单元习作。习作单元中精读课文的定位与其他单元不同，直接指向表达，强调从阅读中学会表达，每课的课后题都体现了这一目的。

教师的作文指导要从内容入手，作文讲评重在激励。比如，第六单元习作"神奇的探险之旅"，通过一连串的问题，先引导学生从提供的内容中选定一同前去探险的伙伴，组成探险小队；再让学生选定探险的目的地、携带的装备和可能遇到的险情；在此基础上让学生发挥想象，围绕探险的目的，编一个探险故事，并把遇到的困境和求生的方法写具体，体会想象的乐趣；还让写完后仍有兴趣的学生续编探险故事教科书，采用多种形式指导学生完成习作。这些指导性的内容不只适用于完成某次习作，其中也包含了完成某类习作的方法路径。

加强平时练笔的指导。一方面，把练笔辐射到阅读课上，经常写写感受、启示，仿写句、段，续写结尾……自然然地让学生从读学写，读写结合。另一方面，把练笔延伸到日常生活中，根据生活需要练笔。应帮助孩子认识到习作是学习、生活的需要，是倾诉、表达的需要。要鼓励学生表达自己的所做所见所闻所思所感，写自己感兴趣的内容。教师要引导、指导学生在生活中学语文、用语文，在服务生活的同时，提高读写能力。

5. 综合性学习

第三单元是以"遨游汉字王国"为主题的综合性学习单元。这是本套教材继三、四年级在普通单元中穿插安排"综合性学习"栏目之后，第一次设置单元整组的综合性学习内容。这个单元自成体系，以活动贯穿始终，以任务驱动的方式带动整个单元的学习。先在"前言"中对汉字的历史和文化作了简要介绍，激发学生对汉字的兴趣，然后编排了"汉字真有趣"和"我爱你，汉字"两个活动板块，既提出了活动的建议，又提供了多个角度的阅读材料，引导学生感受汉字的趣味，了解汉字文化，学习搜集资料的基本方法，学写简单的研究报告。

6. 快乐读书吧

教科书在"快乐读书吧"中对学生进行必要的阅读方法提示："古代长篇小说多是章回体。这些作品里，一回或若干回组成一个相对完整的小故事，连起来就串成了一个长篇故事。""我很喜欢读回目，只要看一下某一回的标题，就可以猜出它主要讲了什么故事。"通过这样的方法指引，降低学生阅读古典名著的难度，在一个个精彩的故事中体验到更多的阅读乐趣。我校作为书香校园，安排特定时间指导学生开展课外阅读，分别有阅读开启课，激发学生的阅读兴趣；阅读指导课，采用相应的阅读策略，指导学生阅读的质量和品味；阅读推进课和交流课，进行有效的整合与提升，让阅读走向深处。

（二）评价建议

"课标"要求："语文课程评价的根本目的是为了促进学生学习，改善教师教学。"教师要恰当运用多种评价方式，如：1. 形成性评价，关注学习过程，有利于及时揭示问题，及时反馈，及时改进教与学活动。2. 总结性评价，关注学习结果，有利于对教师的教学工作做出总结性的结论。对学生语文学习的日常表现以表扬、鼓励等积极的评价为主，采用激励型的评语，从正面加以引导。如习作单元中作文的评价，按类型进行等级评定，在统计过程中发现问题，及时关注问题学生，以激励为主，加以示范强化，重点关注，注重评价主体的多元与互动。注意将教师的评价，学生的自我评价及学生之间的相互评价相结合，加强学生的自我评价和相互评价，促进学生主动学习，自我反思。在体现"教学评一致性"的过程中，要尊重学生的个体差异，这有利于学生的健康发展。

（三）课程资源开发利用

课程资源的开发和利用可分为：文本资源，网络资源，多媒体资源和社会资源。文本资源以课文引领，可以"以一带多"。充分发挥学校阅览室的作用，为学生的大量阅读提供便利条件，也充分利用了校本教材，拓宽学生的阅读视野。文本资源可以拓展读书，可以实践应用，形式多样，使学生阅读体验更加丰富。教师对比不同版本的教材对学生进行阅读拓展训练，还会在每周二下午，进行课外阅读的读书交流课，让学生爱上阅读。网络资源提供家校互动，学生家庭作业的及时反馈，加上有效评价，让学生学习效率更高。利用多媒体资源发挥音像资料在调动孩子积极性方面的作用。社会资源方面，我们可以利用包头自然特色，民族风俗等，将其渗透到学生的学习中，实现大语文观。

心中有绿洲，眼中才能有森林，眼中有森林，才能培育好每一棵小树。教师的幸福就是将自己内化后的知识，有计划地分享给学生，达到教学评的一致，和学生共同进步、共同成长。"活到老学到老"，苦练内功，从"三研"开始，一直走下去。追求这样的梦想，做好研究，我们便能将所有的心血化作脚踏实地的汗水；追求这种成功，我们便能将自信的力量化作风景迎接灿烂的明天！

第二章　单元三研

形声识字，发现文字的奥秘

语文统编版二年级下册第三单元三研

焦瑾

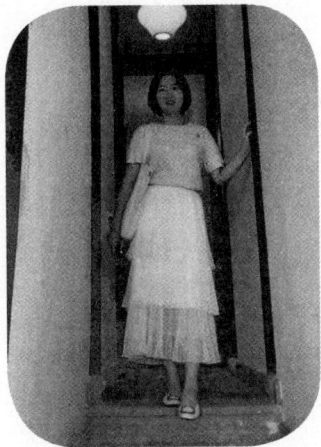

焦瑾，2014 年毕业于内蒙古师范大学文学院汉语言文学专业，同年九月参加工作，任职小学语文教学兼任班主任。多次参加市、区级教学培训研讨活动，2017 年 4 月参加九原区青年教师基本功大赛获得一等奖。教育是吾日三省吾身，是润物细无声，是生命的化妆，生命如水哪一段不美，用心、用爱、用情一起共同成长。

导 言

统编本二年级下册第三单元是识字单元，围绕"传统文化"这一主题进行编排，引导学生在不同语境中识字学词，激发儿童的识字兴趣，感受中华优秀传统文化。本单元出现的生字大部分是形声字，围绕形声字形旁表意的特点，教材在课文和语文园地设计了多个维度的训练。课文以浅显的韵文为主，易读易记，在读中识字，突破"音"和"形"的难点。运用形声字识字，帮助学生构建生字音、形、义之间的联系，引导学生不断发现文字的奥秘，感受识字的乐趣。

一、研教材

本单元位于二年级语文下册第三单元，本单元是识字单元，围绕"传统文化"这一主题展开单元识字教学。识字、写字是本单元教学重点内容，引导学生在不同语境中运用形声字识字，能根据字形尝试猜读，为阅读教学做铺垫。

教材具有一下特点：

（一）教材编写体例

教科书围绕人文主题和语文要素双线组织阅读单元，本单元围绕主题由四篇课文，口语交际为长大以后做什么，语文园地中安排了识字加油站、字词句运用、我的发现、日积月累、我爱阅读五个板块组成。

本单元是识字单元，围绕"传统文化"主题编排了4篇课文，课文的形式活泼、内容丰富，便于引导学生在不同的语境中识字、学词，激发儿童识字的兴趣，感受中华优秀传统文化。识字、写字教学是本单元的重点教学内容，是本单元的语文要素，本单元的生字大部分是形声字，符合形旁表意的特点，教材在课文和语文园地设计了多个维度的训练。本单元的课文是以浅显的韵文为主，易读易记，在读中识字，突破"音"和"形"的难点，引导学生运用形声字的构字规律识字，帮助学生建立音、形、义三者之间的联系，不断发现汉字的秘密。

（二）核心知识及其知识结构

在单元主题"传统文化"下四篇课文各有侧重：

1.《神州谣》

《神州谣》是一首篇幅短小却内涵丰富的歌谣，气势恢宏，赞美了中华民族历史悠久、文化灿烂、山川壮美、风景如画，表达了中华儿女盼望祖国统一，为祖国繁荣昌盛共同奋斗的愿望。课文借用《三字经》的形式，三字一句，四句一节，节节换韵，韵脚"a"和"ong"有规律交替出现，读来琅琅上口。

课文借用《三字经》的形式描绘了祖国如画山川，读句子体会用词的准确性，积累一组四字词语。

2.《传统节日》

本文是一首我国传统佳节为题材的歌谣韵文。传统佳节，是中华传统文化的重要组成部分，蕴含着中华儿女的家国情怀，连接着中华儿女的精神血脉，也承载着中华民族代代相传的古老文化。课文句式长短相间，变化丰富，读来押韵合辙，一韵到底，首尾呼应，圆融一体。教学本文旨在让学生对传统节日理解、喜爱，能围绕主题情境识字及联系生活实际说话。

全文共有八句话，前七句话按时间顺序分别介绍了春节、元宵节、清明节、端午节、乞巧节、重阳节这七个一年中重要的传统佳节和相关习俗。第八句和第一句话相呼应，表示新春佳节转眼又到。全文语言平实，句式整齐，读起来朗朗上口，易读易记。

3.《"贝"的故事》

课文介绍了"贝"字的由来、演变及发展，共有两个自然段。第一自然段引出"贝"字。第二自然段主要讲"贝"的字义来源和以"贝"作偏旁的字在表意上的共同规律。同时扩展金字旁、王字旁的构字规律。让学生在有趣的故事情境中认识生字，在识字的同时感受形声字的构字特点。在正确连贯朗读课文的基础上，帮助学生疏通课文，理解课文，抓住主要内容来识记课文，讲故事。

4.《中国美食》

本课是以形声字为主体的归类识字，形声字分布在美食名中，主要包括草字头、四点底、火字旁。美食包括七种菜肴和四种主食，以图片配文字的方式呈现菜肴名，以列举的方式呈现主食名。分别从炒、烤、烧、爆、炖、炸、煎、蒸、煮等制作方法上真实展现了中国美食文化的博大精深、丰富多彩。

（四）本单元在学段中的地位

1. 纵向整合

识字是阅读和写作的基础，是贯穿整个义务教育阶段的重要内容，在低年级语文教学中处于非常重要的地位。识字、写字是本单元重点教学内容，识字、写字量从一年级到二年级逐步递增，二年级是识字的高峰期。统编本教材十分注重学生自主识字能力的培养，在一年级对汉字的偏旁、结构、构字原理有了初步了解的基础上，二年级上册强调字理识字，要求学生能体会形声字的特点，本单元进一步强化了形声字形旁表意的、声旁表音规律的教学，并充分利用这些规律，引导学生大胆地猜读生字，自主学习课文，为下一阶段的阅读教学打好坚实基础。

2. 横向整合

统编本教材通过集中识字、课文识字、语文园地识字三大板块来组织识字教学。本单元本单元为识字单元，识字量为 78 字，占本册 17.3%，高于其他单元。在本册第一单元第一课、第二单元第五课、第六课、第七课中均涉及到形声字，在教学中渗透形声字识字的方法，知道了声旁表音、形旁表意的基本规律。在第三单元识字单元中强化形声字识字，设计了多个维度的训练，引导学生发现偏旁之间的联系，在后面的识字教学中不断强化尝试猜读。

教材注重梯度，每一学段、年级，甚至一个学期的前、中、后期，都是依照深浅程度形成一条螺旋上升的线素。这样的安排，不仅考虑到了难度系数和教学适用度，也体现了语文教学由浅入深、循序渐进的规律。

二、研课标

（一）课程目标（学段目标）

本学段课程目标，2011 版新课程标准是这样明确要求的：

1. 识字与写字：喜欢学习汉字，有主动识字、写字的愿望。认识常用汉字 1600 个左右，其中 800 个左右会写。掌握汉字的基本笔画和常用的偏旁部首，能按笔顺规则用硬笔写字，注意间架结构。初步感受汉字的形体美。努力养成良好的写字习惯，写字姿势正确，书写规范、端正、整洁。学习独立识字（在语境中运用形声字识字，建立音、形、意之间的关联）。能借助汉语拼音认读汉字，学会用音序检字法和部首检字法查字典。

2. 阅读：喜欢阅读，感受阅读的乐趣。养成爱护图书的习惯。学习用普通话正确、流利、有感情地朗读课文。结合上下文和生活实际了解课文中词句的意思，在阅读中积累词语。借助读物中的图画阅读。诵读儿歌、儿童诗和浅近的古诗，展开想象，获得初步的情感体验，感受语言的优美。积累自己喜欢的成语和格言警句。背诵优秀诗文 50 篇（段）。课外阅读总量不少于 5 万字。

3. 写话：对写话有兴趣，留心周围事物，写自己想说的话，写想象中的事物。在写话中乐于运用阅读和生活中学到的词语。根据表达的需要，学习使用逗号、句号、问号、感叹号。

（二）教学目标（本册目标）

二年级下册三单元在 2011 版新课程标准中达成以下目标：

1. 识字与写字：喜欢学习汉字，有主动识字、写字的愿望认识常用汉字 450 个，会写汉字 250 个。注意汉字的间架结构，初步感受汉字的形体美。养成良好的写字习惯，写字姿势正确，书写规范、端正、整洁。学习独立识字。继续学习使用部首查字法查字典。

2. 阅读：喜欢阅读，感受阅读的乐趣。养成爱护图书的习惯。用普通话正确、流利地朗读课文。继续学习默读。结合上下文和生活实际了解课文中词句的意思，在阅读中积累词语。阅读浅近的童话、寓言、故事，对感兴趣的人物和事件有自己的感受和想法，并乐于与人交流。通读儿歌、儿童诗和浅近的古诗，展开想象，获得初步的情感体验，感受语言的优美。在阅读中体会句号、问号、感叹号所表达的不同语气。积累自己喜欢的成语和格言警句。背通优秀诗文，课外阅读总量不少于 2 万字

3. 口语交际：能认真听别人讲话，努力了解讲话的主要内容。能较完整地讲述小故事，能简要讲述自己感兴趣的见闻。与别人交谈，态度自然大方，有礼貌，注意说话的语气。有表达的自信心。积极参加讨论，敢于发表自己的意见。

4. 写话：对写话有兴趣，留心周围事物，写自己想说的话，写想象中的事物。在写话中乐于运用阅读和生活中学到的词语。根据表达的需要，学习使用逗号、句号、问号、感叹号。

（三）学情分析

本单元为二年级下册唯一一个集中识字单元，识字、写字教学是本单元的重点，本单元出现的大部分为形声字，围绕形声字形旁表意的特点，设计了多个维度的训练。通过前面三册的学习，学生对形声字的构字规律有了一定的了解，认识了一些常见的偏旁。在此基础上，引导学生发现更多偏旁之间的联系。由于本单元所选编的学习内容形式有趣，读来朗朗上口，且涉及到的知识容易激发学生探究学习的兴趣，因而进入本单元学习时，学生自主阅读课文的愿望比较强烈，而教师要充分利用这一认知心理，放手让学生进行自主学习，尽量只扮演点拨、指导的角色。与此同时，学习本单元时，孩子们诵读课文的能力已经有所提升，教师要充分借助教材特点指导他们进行通读，让他们在读中不断实现对学习内容的理解与内化。不过，对于本单元主题"热爱祖国传统文化"这一点，孩子们还不能够准确理解，这需要教师针对教材内容予以归纳引领，让他们通过学习真正激发热爱祖国以及热爱祖国灿烂的传统文化的美好情感。

（四）依据单元知识的整合、课程标准、学情分析，确定单元学习目标：

1. 能利用韵语、形旁与字义的联系、借助图片认识 78 个生字，读准多音字"漂""炸"，会写 36 个字，会写 36 个词语。

2. 能发现"火"与"灬"、"心"与竖心旁、"刀"与立刀旁等偏旁之间的联系及表示的意思。

3. 积累"华夏儿女、炎黄子孙""甜津津、酸溜溜"等词语，理解词语意思。

4. 能在语言环境中初步感受"奔、涌""长、耸"的表达效果；能说出用"炒、烤、烧"等方法制作的美食。

5. 能借助形旁猜测字义、正确选用形声字并查字典验证。知道"鹿、金"等字可以作为部首，记住这些部首字，能用这些部首查字典。

6. 朗读《神州谣》，能背诵《传统节日》，初步感受祖国山河的壮美和文化的悠久。能讲汉字"贝"的故事，初步感受汉字的魅力。能按顺序背诵十二生肖，初步了解生肖文化。

（五）大型考题分析

1. 本单元近三年期末质量检测的分值分布：

通过分析 2017—2018 学年度第二学期期末质量检测卷发现，本单元考点为基础部分，呈现的考试内容为看拼音写词语中"烤鸭"一词，分值 2 分；部首检字法并选择词义，分值 6 分；同音字、形近字辨析，6 分；ABB 式词语，2 分；共计 16 分，占卷面总分的百分之十六。

通过分析 2018—2019 学年度第二学期期末质量检测卷发现，本单元考点为基础部分，呈现的考试内容为看拼音写词语中"民族"、"热闹"一词，分值 4 分；部首检字法并选择词义，分值 4 分；选择正确读音多音字"炸酱面"，1 分；理解词语意思，体会用词的准确性"珠峰耸"，"耸"，高耸入云的样子，2 分；阅读中，仿写词语"笑盈盈"ABB 式词语，1 分；仿写句子，仿写 ABB 式词语"笑盈盈"，并写句子，2 分，共计 14 分，占卷面总分的百分之十四。

通过分析 2018—2019 学年度第二学期期末质量检测卷发现，本单元考点为基础部分，呈现的考试内容为看拼音写词语中"烧烤"一词，分值 2 分，选择正确生字"神州"，分值 1 分；查字典填空"股"4 分。共计 7 分，占卷面总分的百分之七。

2. 易错试题分析：

（1）理解词语意思

"黄河奔，长江涌，长城长，珠峰耸。"句中的"耸"字让我感受到了珠峰的（　B　）。

A 奔流不息、滚滚向前　　　　　　B 高耸入云的样子

考点分析："耸"是本单元需要认识的一类字，且能体会语言运用的准确性。

采取措施：借助多媒体珠峰高耸入云的图片使学生真实感受珠峰的耸立，从而理解"耸"就是高起；直立的意思。认识生字理解字义，同时运用扩词

的方法，例如耸，高耸入云、耸立、耸肩、高嵩，加强理解。

（2）选择正确生字

神（　州　洲　）

考点分析：洲、州是形近字，通过汉字的构字规律理解词义，能够选择正确读音。

采取措施：洲，是形声字，偏旁为三点水，表示水中的陆地，例如橘子洲、珠江三角洲，也指大陆，如：亚洲、欧洲。州是我国的一种行政区划，如：苏州、杭州。神州，是我国的一个一个地理区划概念，因此正确字形为"神州"。此类型题根据字形的意义区别确定词组，这也就是汉字有趣之处。

（3）查字典（部首查字法）

"煮"用部首查字法先查（四点底），再查（8）画，可以组词（煮饭），带这个字的偏旁还有"蒸、煎"，我发现带这个偏旁的字大部分与（火）有关。

"股"用部首查字法先查（月），再查（4）画，可以组词（屁股），带这个字的偏旁还有"腹、肩"，我发现带这个偏旁的字大部分与（身体）有关。

考点分析：形声字形旁表意是本单元学习的识字方法，借助工具书进行部首查字法也是本单元重点内容。

采取措施：以文本为依托，通过字源字理，"煮"四点底表示火，表示用火来煮，相同字源还有蒸、煎。"股"，从肉（月），表示肉多的部分是大腿，与身体部位有关，掌握形声字的构字规律，同时也能够在识字的过程中借助形声字猜读。

本单元是集中识字单元，通过三年期末质量检测试卷发现，命题倾向于识字写字、词语积累等基础知识，例如 ABB 式词语的积累，生字词的理解辨析，形声字识字及部首检字法。识字、写字、理解、积累词语是基础，基础向阅读延伸，因此更加注重形声字识字，同时能够借助偏旁猜读生字，理解简单词语意思。

三、研实施

（一）单元创新思路

本套教材遵循"认写分开、多认少写"的原则，本单元是集中识字单元，教学重点为识字写字，以"中华传统文化"为主题编排单元，将两篇《神州谣》和《传统节日》两篇歌谣，汉字故事《"贝"的故事》和图文词串《中华美食》和语文园地三编排在一起，学生在游山河、聊节日、读故事、品美食的过程中发现汉字的造字规律，产生学习汉字的浓厚兴趣，培养自主识字的能力，对祖国文化的热爱。

依据语文要素勾连学生生活实际可以创设本单元的学习情景：我是中国娃。以我是中国娃为情景，在一个个浓厚的传统故事中完成有趣的识字任务。

本单元识字主题是发现汉字的秘密，发现形声字的构字规律，在核心素养和语文要素的要求下展开教学活动，设计了三大任务和六个问题。任务一：唱好神州歌谣。读神州歌谣，感受祖国秀丽山川，灿烂文化；了解我国传统节日，体会节日中蕴含的中华儿女的家国情怀，承载的古老文化。任务二：品味中华美食。分享美食，了解烹饪方式，探究汉字音形义之间的联系。任务三：汉字也有故事。听汉字故事，了解汉字的起源及造字规律，感受汉字的神秘。在我是中国娃的教学情境中，学生真实感受着传统文化的魅力，带着这一份情感学生会更加投入的学好汉字，深入了解中华文化。

（二）课型及课时分配

课堂教学模式是因材施教，教师在不同课堂教学内容以及对待不同学生，采取不同的模式会取得更好的效果。

针对二年级下学期学生的学习情况且具有一定识字方法，在每课教学前对本课一类生字进行课前检测，了解学生的识字情况，重点教学易错字、难读字。第一课时教学分为激趣导入明确目标，初读课文识记生字，以读代讲读出韵味，拓展检测指导书写四个板块。第二课时以回顾导入明确目标，检测生字，以读代讲拓展运用，学习检测书写指导为主。

　　基于以上教学基本模式，结合本单元编排任务、学情，对教学内容及顺序进行适当的调整。《神州谣》、《传统节日》《中国美食》中所涉及到的内容都与学生的生活紧密相连，《"贝"的故事》是对汉字造字规律的探究，没有生活体验，因此将《"贝"的故事》调整为最后一课的教学。语文园地中的字词句运用、查字典、我的发现是从多个维度进行汉字音形义的练习，可以和《"贝"的故事》放进一个教学任务中完成。识字加油站八个表示味道的词语与美食有关，可以在任务二中完成。日积月累中十二生肖是中华传统文化，因此归为任务一。

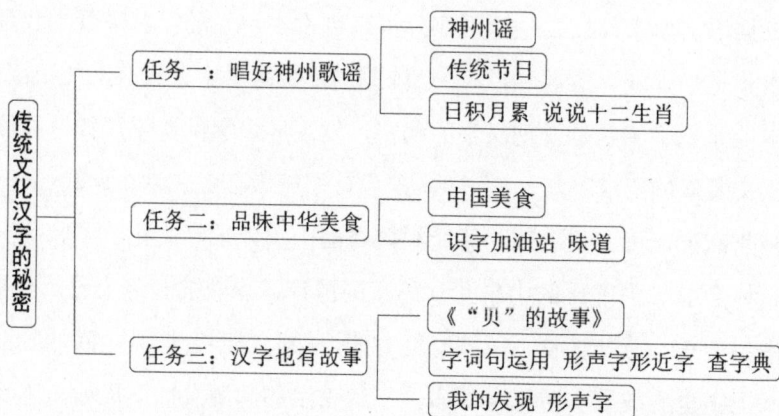

```
                    ┌─ 任务一：唱好神州歌谣 ─┬─ 神州谣
                    │                        ├─ 传统节日
                    │                        └─ 日积月累 说说十二生肖
传统文化汉字的秘密 ──┼─ 任务二：品味中华美食 ─┬─ 中国美食
                    │                        └─ 识字加油站 味道
                    │                        ┌─《"贝"的故事》
                    └─ 任务三：汉字也有故事 ─┼─ 字词句运用 形声字形近字 查字典
                                             └─ 我的发现 形声字
```

（三）分课时教学设计

　　在课堂实践中，我们发现学生在真实的情景驱动下兴趣盎然的发现了汉字音形义之间的关联，在情境中提升了自主识字的能力，情景运用的能力。以任务二中国美食第一课时为例呈现教学过程。

学情分析	本课内容与学生的生活有密切的联系，学生对美食也有兴趣浓厚，本课重在引导学生在学习中观察思考，发现汉字的构字特点，从而理解字义，识记生字。

学习目标	1. 通过看图、形声字特点、菜名识记、生活识字等方法认识"菠、煎"等 15 个生字，读准多音字"炸"。 2. 通过阅读发现"炒、烧、烤"和"蒸、煮、煎"等制作方法，感受形声字特点，发现部首之间的关联，结合图片理解字义，理解形声字的构字规律。 3. 结构归类，写好左右结构带有火字旁的"烧、烤、炒"。

	学习活动	评价建议
第一板块	课前准备：体验制作美食 请用"炒、煮、蒸、煎、拌……"任何一种你了解的制作方法，和家人一起完成一道美食，可以用照片、视频或者图画等形式记录下来。	在制作过程中选择一种烹饪方式，并能体会到制作方式的特点，即与"火"有关，可以呈现出所用食材的名称，并尝试进行归类生活识字。

	学习活动	评价建议
第二板块	情景识字：报菜名 出示菜名，多种形式认识生字，归类识字	炸 zhá 炸酱、炸糕，一种烹饪。 zhà 爆炸、炸弹，物体突然破裂，用炸药、炸弹爆破。 归类识字 荤菜：烤鸭、水煮鱼、葱爆羊肉、小鸡炖蘑菇…… 素菜：凉拌菠菜、香煎豆腐、红烧茄子…… 主食：蒸饺、炸酱面、小米粥、蛋炒饭……
第三板块	走进文本、了解制作方法 1. 自由读课文，找一找，在菜名和主食名中有哪些烹饪方式？ 2. 这些烹饪方式你有什么发现？ 3. 拓展类型字：带有火字旁和四点底，与火有关的字你还知道哪些？	制作方式：蒸、煎、煮、烤、爆、烧 都带有火字旁和四点底 拓展生字： 灯、烟、热、炖、炸

续 表

第四版块	写好菜单 结构归类左右结构带有火字旁：烧、烤、炒 偏旁相同，左窄右宽	听写词语检测

　　本单元为"传统文化"主题下的识字单元，每课各有侧重，在教学过程中重视知识的关联，欣赏祖国风景名胜，了解节日来历及习俗，分享传统节日的快乐，知晓"贝"的故事，在品味美食、贴图识字中感受汉字的魅力。

深化"三研"，理清教学内容

语文统编版四年级上册第二单元三研

郝静

郝静，在语文教学一线20余年，一直在欣赏品味语言、弘扬国学文化中努力前行。

如果说，教学工作如同织机上的经纬，日复一日地重复，那么语文课堂就像是每日不同的色彩的丝线，有热情的朱，有深思的黛，有畅想的碧……在我们精心地牵引穿搭之下，织出了绚丽多彩的一幅幅壮锦！我们，并不是禹禹独行，与"三研"为伴，且思且成长！

导　言

语文课程集工具性与人文性为一体，内容广博，能力训练螺旋上升，是一门实践性很强的基础性课程。每一个年段，每一册书，每一个单元到每一堂课都有相应的教学任务。因此，我们经过"三研"的一系列思考后，对教材、课标、学情进行精准的解读，才能"线清点明"地进入课堂，整体把握，落实细节，循序渐进地提高学生的语文素养。

一、研教材

本单元位于四年级语文上册第二单元，不同于其他单元的编写特点，围绕语文要素"提问"每一课都承担着不同的教学任务，是单独的策略单元。

学生学会提问后要在以后的其他单元学习中不断运用强化。其重要作用不言而喻。

教材具有以下特点：

（一）单元编写体例

本单元内容由"单元导语""精读课文""自读课文""课后练习""习作""语文园地"组成。这是一个阅读策略单元，围绕"疑"进行提问策略的学习，安排了精读课文三篇：童话一篇《一个豌豆荚里的五粒豆》，说明文《蝙蝠和雷达》，科学小品文《呼风唤雨的世纪》，自读课文一篇：散文《蝴蝶的家》。单元课例题材体裁多样，便于学生多角度学习实践提问这一策略。

精读课文都有前置导读，作用明显：人教版旧教材只在单元学习之初出现单元导读，加上自读课文导读，出现 2 次导读；而本单元是很明显的以阅读理解为核心的策略单元，明显特征是每篇课文前都出现导读。这样鲜明的特点，编者的意图十分明显：引导学生从产生疑问的兴趣入手，逐步指导提问的方法和角度，练习运用这些阅读策略，最后在独立阅读中实践运用，总结方法。从导读的提示来看，提问策略的训练阶梯明显，操作方法便利可行。

习作要求写印象深的人，把印象深的地方写清楚，题目是《家庭动物园》。

语文园地中交流平台的任务是思考句子表达效果，目的也是为了让学生打开思维，从各个不同角度思考问题。

结合单元组题、编写体例的特点，教学中应该这样做，帮助学生学会提问：

1. 阅读策略合理取舍。平时阅读教学训练的几个大任务：把握主要内容、理解词句、段的训练，在"生疑、提问、记录梳理、思考解决"的策略前让步，重点偏移到学习提问上来。提问的方法是：及时记录——记录完分类，填写问题清单——筛选问题，边读边尝试解决问题，帮助学生阅读理解。

2. 要求学生学习旁批，旁批的方法是：把自己结合内容、结合写法、结合全文产生的问题写到语文书两边的空白处。和阅读时的预测、印证、深入思考结合起来，促进阅读理解。

3. 从本册教材与其他教材的前后衔接来看，本单元并不是第一次遇到策略单元，但是以"提出问题、梳理问题、解决问题"为理解训练核心的教学是第一次，在四年级下册还有后续训练。

另外，本单元要学习的批注方法的学习是第六单元的学习批注的铺垫。

单元双线组题，阅读与习作训练的交叉点不多：阅读教学指向态度的要素是读书要有疑；指向阅读策略的要素是"阅读时尝试从不同角度去考，提出自己的问题。"单元要素指向表达的是：写一个人，注意把印象深的地方写清楚。

（二）核心知识与知识结构

1. 分析单元导读、课前导读、课后练习与交流平台，可以把握每一课的核心知识和评价任务，从而构建出本单元的知识结构。

内容	前置导读	课后练习	核心知识	评价任务
5《一个豆荚里的五粒豆》	读课文，积极思考，看可以提出什么问题？	1. 读完课文把问题写下来。 2. 小组用表格整理问题清单，梳理提问的角度。 3. 伴着豌豆苗成长，小女孩的病为什么好了？	1. 阅读中不懂的要积极发问、思考。 2. 乐于从不同角度提问：内容（句子、段、篇）+表达+自己的感受+生活体验。 3. 提帮助理解课文（难懂的、揭示道理、品质感情）的问题。	1. 积极思考发问，填写个人问题清单。 2. 乐于合作，梳理出小组问题清单。 3. 善于思考提问。
6《蝙蝠和雷达》	在旁边和文后写下了提出的问题。	1. 小组整理问题清单，汇总提问角度 2. 讨论问题清单，学习提问角度。 3.《变态茎》小短文提问练习。	1. 学习提问的角度并且梳理总结。 2. 练习从不同角度提问（内容、写法、启示）。	1. 提问角度多样，查阅小组问题清单。 2. 提问并自主思考。

续　表

内容	前置导读	课后练习	核心知识	评价任务
7《呼风唤雨的世纪》	写下问题和同学交流。	1. 分小组整理问题清单，分类。 2. 筛选对理解课文有帮助的问题。 3. 联系生活世纪谈自己的理解。	整理小组问题清单，从不同的角度分类，筛选对理解有帮助的问题，通过再次阅读尝试独立解决。	思考的效度
8*《蝴蝶的家》	积极提问，小组内合作进行分类记录，筛选 3 个以上对理解课文有帮助的问题（最好是结合全文、写法、启示提出的问题），尝试解决。			反复阅读，尝试自己解决问题。
语文园地二	交流平台指导要点： 阅读时多动脑筋思考，积极提问；从不同角度提问，思考更全面深入；筛选值得思考的问题，加深理解；养成敢于提问、善于提问的好习惯。			

2. 从上面表格分析本单元课例承载的任务与前后衔接的训练梯度：

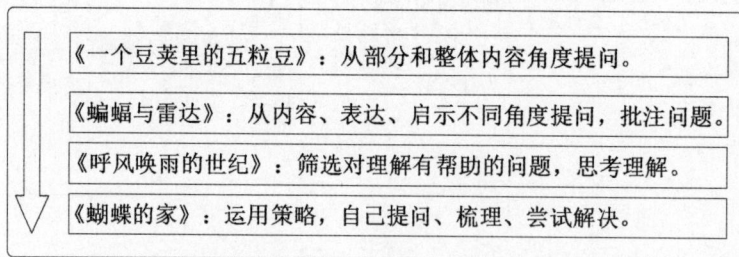

《一个豆荚里的五粒豆》：从部分和整体内容角度提问。

《蝙蝠与雷达》：从内容、表达、启示不同角度提问，批注问题。

《呼风唤雨的世纪》：筛选对理解有帮助的问题，思考理解。

《蝴蝶的家》：运用策略，自己提问、梳理、尝试解决。

（三）学段地位

1. 首先明白本学期教学内容及分布情况，了解本单元内容的所占的位置。

体裁	课例	训练目标
说明文	《蝙蝠与雷达》等	第二单元学习提问，第三单元体会准确生动的表达，连续观察理解大意。

续 表

体裁	课例	训练目标
叙事性散文	《走月亮》等	第一单元学习想象画面，第四、第七单元学习归纳主要内容。
诗歌	《暮江吟》等 8 首古诗 《秋晚的江上》等 3 首现代诗	第一、第三单元学习理解大意，诵读积累诗歌。
神话寓言	《盘古开天地》等 11 篇	第四单元学习归纳主要内容，学习简要复述。
策略单元	阅读：第二单元学习提问策略	第二单元学习敢于提问，从不同角度提问，筛选批注。
	习作：第五单元学习按事情发展顺序把事情的经过写清楚	第五单元学习围绕一个意思，（按顺序）把起因经过结果写清楚。

2. 由以上教学内容的安排可以解读出本学期教学重点的变化，第二单元的作用匪浅：

（1）本单元是重要的阅读策略单元，要通过合适的途径努力让学生学会乐于提问，善于提问，要贯穿以后的学习始终。

（2）每个单元都重视训练阅读的思考力，阅读方法的学习指向明显，从本单元开始，训练有梯度，阅读教学与习作教学唇齿相依。

（3）彩图、旁批、表格等辅助手段多样，渗透非连续性文本的阅读。尤其是第二单元，由始至终要借助表格进行清单的梳理。

二、研目标

（一）本学段课程目标，2011 版新课程标准明确要求

1. 识字与写字：对学习汉字有浓厚的兴趣，养成主动识字的习惯。累计认识常用汉字 2500 个左右，其中 1800 个左右会写。有初步的独立识字能力。

会运用音序检字法和部首检字法查字典、词典。能使用硬笔熟练地书写正楷字，做到规范、端正、整洁。用毛笔临摹正楷字帖。

2. 阅读理解：用普通话正确、流利、有感情地朗读课文。初步学会默读，做到不出声，不指读。学习略读，粗知文章大意。能联系上下文，理解词句的意思，体会课文中关键词句表达情意的作用。能借助字典、词典和生活积累，理解生词的意义。能初步把握文章的主要内容，体会文章表达的思想感情。能对课文中不理解的地方提出疑问（这一条是本单元阅读教学的课标依据）。能复述叙事性作品的大意，初步感受作品中生动的形象和优美的语言，关心作品中人物的命运和喜怒哀乐，与他人交流自己的阅读感受。诵读优秀诗文，注意在诵读过程中体验情感，展开想象，领悟内容。在理解语句的过程中，体会句号与逗号的不同用法，了解冒号、引号的一般用法。积累课文中的优美词语、精彩句段，以及在课外阅读和生活中获得的语言材料。背诵优秀诗文50篇（段）。养成读书看报的习惯，收藏并与同学交流图书资料。课外阅读总量不少于40万字。

3. 习作：留心周围事物，乐于书面表达，增强习作的自信心。愿意将自己的习作读给人听，与他人分享习作的快乐。能不拘形式地写下自己的见闻、感受和想像，注意把自己觉得新奇有趣或印象最深、最受感动的内容写清楚。能用简短的书信便条进行书面交流。尝试在习作中运用自己平时积累的语言材料，特别是有新鲜感的词句。学习修改习作中有明显错误的词句。根据表达的需要，正确使用冒号、引号等标点符号。课内习作每学年16次左右。

4. 口语交际：能用普通话交谈。在交谈中能认真倾听，养成向人请教、与人商讨的习惯。听人说话能把握主要内容，并能简要转述。能清楚明白地讲述见闻，并说出自己的感受和想法。讲述故事力求具体生动。

能对课文中不理解的地方提出疑问，这一条是本单元阅读教学的课标依据。阅读教学策略就是要从这一方面，激发兴趣，打开思路，学会方法，形成能力。其他方面的语文能力训练，如倾听、表达、书写等，还将依托学段课程标准，结合本册教材其他单元的学习要素，在每一节课、每一次语文实践活动中落实，形成知识结构与能力提高的"网"。

（二）学情分析

1. 根据这个年龄段学生的认知特点，大部分学生读文时首先关注的是内容，多注意的是情节、常识，自己感兴趣的新奇的内容，所以提问一般会多注重于内容的了解，在文章的表达方式和作者情感方面提问的学生会很少。

2. 提出对理解有帮助的问题，这样的要求对刚刚四年级的学生而言，有难度。

3. 学生梳理问题是个新概念，梳理的角度、解决的方法都要细致的训练。

4. 结合学生日常表现看提问：有的学生不敢问，有的学生不会问，都需要鼓励启发，同时要防止没有思考的"过度提问"，"为提问而提问"的假提问现象。

（三）依据单元知识的整合、课程标准、学情分析，确定单元学习目标：

1. 初步独立识字，认识 50 个生字，会写 41 个含有生字的词语，学会多音字"系""雀""蝙蝠"等词语重点学习。

2. 学习整体问题清单，筛选对自己理解有帮助的问题。及时在课文旁边空白处批注记录自己的问题，尝试解决。

3. 习作中抓住家庭成员明显的特点（外貌、语言、动作、神态、性格……），联想一种动物，写出家庭成员印象深的地方。运用中年级段的方式写好几段话。

4. 情感态度方面：喜欢提问思考，喜欢合作。遇事乐观、热爱科学，正确对待自然与生命。

教学重点是积极思考，阅读时尝试从不同角度提出自己的问题。

教学难点是学习整体问题清单，筛选对自己理解有帮助的问题。

（四）近年考题分析

本年度教材是人教版统编教材使用的第一批次，因此在每学期的期末考试中，九原区教研室都会结合教材特点、语文要素和编者意图进行周到细密的考查。仅以九原区教研室 2018-2019 学年度第二学期三年级下册期末考试试题为例，可以看出考题的结构特点和趋势：

1. 知识点密集，基础知识所占分值 40 分。涵盖以下知识点：

看拼音写汉字书写（16 空，8 分），选择正确读音（16 个，4 分），选择正确书写（16 个，4 分），选择正确字形（8 个，4 分），选择正确义项（4 个，4 分），字源字理填空（6 空，6 分），——字词的音形义考核全面，分值 30 分。

日积月累填空（6 空，6 分），修改符号修改一段话（4 处，4 分）——句子考核 10 分。

2. 阅读理解，所占分值 30 分。涵盖以下知识点：

课外诵读与阅读，选自"快乐读书吧"和主题诗文诵读教材，题型为判断题 3 分，选择题 2 分。

课内阅读两篇，结合中年级段的训练重点，考查句子的理解、句子的作用、句子的仿写，提取关键词句的能力。切合教材训练重点，考查全面，没有基础知识，分值 25 分。

3. 习作分值 25 分。

第一项考查内容是应用文写通知，5 分，来自《语文园地》的词句段运用。

第二项考查内容是第七单元习作，简单更改要求后，先用导图列提纲，再写不少于 200 字的习作，要求写清楚，20 分。

4. 从以上题型、题量和考查意图来看，训练学生甄别、判断、思考与书写的质量速度同样重要。从卷面看，教材涵盖的知识点、能力点涉及比较全面，例如看似简单的一道选择正确读音的题，实则考了 16 个知识点；再例如阅读理解的题，需要提取思考组织语言……而这所有的题要保证规范端正地书写，保证写对，写完。因此，除了落实单元训练的语文要素，还要有梯度有目标地扎实完成读写任务，把每一堂课的目标落地。

5. 关于本单元考点预测：识字写字会考核易错的读音和字形，重点书写"蝙蝠""玻璃""驾驶"等词语。提问的最终目标是为了理解，所以还可能考查读课文的理解，例如蝙蝠和雷达的关系，《呼风唤雨的世纪》给我们的启示等。课堂上,提问多落在口头,在考试时,要注意考查书面形式的提问,问题要规范,清楚完整。

三、研实施

(一)单元创新思路:完全教读——梳理练习——总结练习。

1. 单元里前两篇课文《一个豆荚里的五粒豆》《蝙蝠和雷达》采取完全教读的方式,训练重点是敢于提问,提问有法。意图在于激发学生提问的兴趣,用合适的方法提出有效的问题。

例如:《一个豆荚里的五粒豆》,从题目提问入手,结合课后练习,打开学生提问的思路与兴趣。教给学生提问的句式,在小组内迅速记录下来,列成清单。

例如:《蝙蝠和雷达》,从课后练习入手,学习从不同角度提问,小组内分类,记录,批注在文章的旁边和后面。

2. 第三篇课文《呼风唤雨的世纪》半是引导半是练习,重点在于梳理前两课学到的方法,练习独立提出问题,并且进行梳理。训练重点是在小组内引导学生学会善于梳理大家提出的问题,再合作读文,解决提出的问题。上课时,先从导语入手,让学生在小组内边读边思考,轻易解决的问题不提,对理解有帮助的问题要围绕课文进行,不能漫无边际,"假提问""提假问",同时发现批判性、发散性思维的问题,激发学生的创新精神。

3. 最后,通过交流平台总结提问策略的方法、角度,再次激发学生的兴趣,鼓励大胆提问积极思考,把《蝴蝶的家》作为阅读能力的实践练习,当堂演练。训练重点在于提问方法的举一反三和具体的实践运用:会问会筛选会记录。

《蝴蝶的家》按照单元学习的总体思路,把本课当做一次实践运用:学生在小组内先自己提问,再进行分类梳理,尝试自己解决。教师在集体交流中评价并且肯定乐于提问、善于从不同角度提问的小组、学生,并且考查学生理解课文的情况。如果学生理解有偏颇或者不到位,就要放慢脚步,从难懂的句子、含义深刻的句子入手，指导学生抓住关键句理解课文。

本单元阅读策略教学的全程要注意：运用表格，及时记录！

4. 本单元习作是《小小"动物园"》，和单元语文训练的要素要求不同。习作时，学生先要把自己的家想象成一个动物园，想一下，自己的家人和哪些动物比较像？什么地方像？每天生活在这个动物园里，心情怎么样？教学时，首先用妈妈和小羊的对比图片打开话题，直观形象地帮助学生找到妈妈和小羊相似的角度，如卷发、爱吃素、性格温和，暗示我们从外貌、饮食、睡觉、性格、特长等多方面来打开思维，找到话题的触发点。具体描述时，再教给学生观察和表达的多个角度：清楚具体地讲印象深的地方：像谁？哪儿像？从哪些具体细节看出来的（动作、对话、神态、外貌）？你的感觉心情？最后用总分的构段方式写成几段话，意思清楚完整，语言生动有趣，与同学分享，修改写得不通的句子。

5. 语文园地二的学习任务有：形声字形近字的辨析，认识"驻""蛀"等形声字类字，强化掌握形声字识字规律的学习；体会排比的强调作用、设问句"吊胃口"的表达作用，学习这样的修辞方式表达更强烈的情感和含义；积累质疑生慧的经典名句，理解会默写，会简单运用。具体教学方式这里不再赘述。

（二）教学课时分配

总计 14-16 课时，其中精读课文约用 8-10 课时，习作约用 2-3 课时，语文园地约用 2 课时。因为提问策略的阅读教学首次进行，教师学生都经验不足，学生课上的生成情况和掌握情况不能做乐观的预设，因此，所用课时机动的时间充足，以备不时之需。

（三）分课时设计

以 5《一个豆荚里的五粒豆》第一课时教学设计和评价建议为例，学习提问策略。

学习目标	1. 激发提问的兴趣，敢于提问。 2. 通过交流，学习提问的方法和角度。	
	学习活动	评价建议
第一板块	预习反馈：同学们认真预习了课文，是不是提出了很多问题？拿出个人问题清单，说说你们提了哪些问题？	你们是积极思考，喜欢提问的孩子！
第二板块	梳理小组问题清单： 1. 把大家的问题记录下来，相同的问题记录一遍，看看哪一类的问题最多？按小组清单的提示分类记录。 2. 小组合作提示，记录员，汇报员，调度员。	1. 你们提的问题真多，说明读书时进行了更多的思考！ 2. 小组合作快速，理出的问题清楚明白！
第三板块	小组问题的引导： 1. 从哪个角度提问的？题目，词语，句子…… 2. 提问时用到了"是什么""为什么""怎么样""难道""究竟怎么回事"这样的疑问词。	1. 从理解部分内容和整体内容的角度提问。 2. 用表示疑问、追问的句式，提问正式，很清楚。
第四版块	总结提问的方法和角度。	

之后的其他课文，按照教材的承接关系，用好导读与课后练习，设计好学习活动，逐步落实单元语文要素。

结　语

叶圣陶老师说过，教材无非是个例子。我们在实际教学中，就要发挥课文的例文、引文作用，深化"三研"，精准解读教材，读写结合，学以致用。

附1：课程资源的开发与利用

阅读链接：

必读书目《森林报·秋》《中国古代神话》《希腊神话》

选读书目《当世界年纪还小的时候》

体裁：社科类＋故事类

这些书目既能服务本单元阅读策略的巩固，又为三单元四单元做准备。

习作链接：绘本《我家是个动物园》

附2：课堂上小组与个人问题清单

我的问题清单

问题

小组问题清单

角度	问题
内容	
表达	
启示	

附3：单元测试

四年级上册第二单元提升练习

姓名：_____ 得分：_____ 书写等级：_____

时间：30分钟

同学们，书写要规范端正，卷面整洁，书写分5分！

一、读拼音，写字词。（13分）

1. 透过 bō li（　　），我看见爷爷舒 shì（　　）地坐在躺椅上，这 kǒng（　　）怕是爷爷感觉最 yú kuài（　　）的时候了吧！

2. kē（　　）学家经过 yán jiū（　　　　）发现，蝙蝠通过嘴和耳朵来探路，实现在夜里捕捉飞 é（　　）和 wén（　　）子。

3. 我 lán（　　）住了表弟表妹，jiān（　　）决地表示必须买票才能进。

二、给加点的多音字选择正确的读音。(12分)

qiāo　　qiǎo

1. 秋天终于按捺不住酷暑的热，悄（　　）然而至了。

2. 因为爸爸妈妈已经睡着了，所以家里静悄（　　）悄的。

zhǎng　　zhàng

3. 我们赶紧回去吧，马上就要涨（　　）潮了。

4. 工作了一天，爸爸觉得头昏脑涨（　　）。

xì　　jì

5. 系（　　）鞋带这个简单的动作，奶奶已经不能完成了。

6. 为了得到老师的联系（　　）方式，妈妈询问了很多人。

三、填空（12分）

1. 好问则裕，_____。

2. 博学之，_____，慎思之，_____，笃行之。

3. 智能之士，_____，_____。

4. _____，孰能无惑？

（以上内容侧重于对基础知识的考查）

四、根据课文内容判断（10分）

1.《一个豆荚里的五粒豆》中的最后一粒豆给一个生病的小女孩带来了愉快和生机。（　　）

2. 人们研究雷达，终于发现了蝙蝠夜间飞行的秘密。（　　）

3. 蝴蝶的家一定是在人们冒着炊烟的屋檐下。（　　）

4. "呼风唤雨的世纪"也可以说是"科技发展的世纪"。（　　）

5. "忽如一夜春风来，千树万树梨花开"写出了春天烂漫的春光。（　　）

五、选择合适的关联词填入句子中。(12分)

即使……也……　　　　不是……而是……　　一边……一边……

1. 蝙蝠夜里飞行,靠的(　　)眼睛,(　　)用嘴和耳朵配合起来探路的。

2. 它(　　)飞,(　　)从嘴里发出一种声音。

3. (　　)一根极细的电线,它(　　)能灵巧地避开。

六、课内阅读。(22分)

蝙蝠是在夜里飞行的　还能捕捉飞蛾和蚊子　而且无论怎么飞　从来没见过它跟什么东西相撞　即使一根极细的电线　它也能灵巧地避开　难道它的眼睛特别敏锐　能在漆黑的夜里看清楚所有的东西吗

1. 在选段的空白处填上合适的标点符号。(8分)

2. 科学家做了_____次实验,最终证明,蝙蝠在夜里飞行,靠的不是_____而是_____和_____。(6分)

3. 雷达的研制成功是受到了_____的启发。(3分)

4. 生活中还有哪些发明是受到了动物的启发?　(5分)

_____

(以上内容侧重于对课文理解方面的考查)

七、课外阅读(14分)

人脑多用了会笨吗?

① 常常能听到这样一种说法:"人的脑子用多了,会死掉许多细胞"、"人脑多用了会笨",这种说法是没有科学道理的。

② 事实上,人的肌体的各个部位,几乎都是越用越健康,脑子也是一样。让我们先来看一个数据:经科学家研究证明,人的大脑皮层,大约有140亿个神经细胞,也叫神经元。这么多数量的脑细胞,对一个人的一生来说,足够足够了。有人计算过,如果一个人活到100岁的话,经常运用的脑神经细胞只不过10多亿个,还有80%—90%的脑细胞没动用。所以,根本不会有什么"脑子多用会笨"的事情。

③ "生命在于运动",这是生物界的一个普遍规律。人的机体,用则灵,

不用则衰；脑子用得勤的人，肯定聪明。因为这些勤于用脑的人，脑血管经常处于舒展的状态，脑神经细胞会得到很好的保养，从而使大脑更加发达，避免了大脑的早衰。相反，那些懒于用脑思考的人，由于大脑受到的信息刺激比较少，甚至没有，大脑很可能就会早衰。这跟一架机器一样，搁在那里不用就要生锈，经常运转就很润滑。外国就有过这样的研究，科学家观察了一定数量的20—70岁的人，发现长期从事脑力劳动的人，到了60岁时仍能保持敏捷的思维能力，而在那些终日无所事事、得过且过的懒人当中，大脑早衰者的比例大大高于前者。

④"勤于用脑，延缓衰老"，这个道理是很科学的。让我们大家养成勤于用脑的良好习惯吧。

1. 本文的题目就是一个问题，读完全文，我知道了答案：（5分）

_____

2. 下面是一个小组的四位同学阅读时提出的问题，其中对理解本文帮助最小的问题是（ ）（4分）

A 什么是大脑皮层？

B 人脑用多了对人会有什么影响？

C 作者的观点有事实依据吗？

D 为什么要把大脑比作机器？

3. 从第2题除了正确答案外的三个问题中任选一个作答。（5分）

我选问题（ ），我的回答是：_____

_____

（以上内容侧重于对阅读能力、单元语文要素的考查）

阅读要有一定的速度

语文统编版五年级上册第二单元三研

白雪

白雪：包头市九原区沙河第二小学语文教师。大学四年所学专业就是汉语言文学，有一定的语文专业素养。语文课程是一门学习语言文字运用的综合性、实践性课程。我们义务教育阶段的语文课程，应使学生初步学会运用祖国语言文字进行交流沟通，吸收古今中外优秀文化，提高思想文化修养，促进自身精神成长。工具性与人文性的统一，是语文课程的基本特点。所以，在语文课程的学习过程中，一定要正确把握语文的特点，全面提高学生的语文素养。

导 言

《语文课程标准》对语文课的教学内容、教学方式、教学评价、教师作用等方面提出了许多新的要求。作为一名语文教师，怎样上好课，怎样使每一个学生获得发展，需要不断地学习、思考、与实践。"华师三研"给了我一个梯子，一把钥匙，研教材、研课标、研实施，对教材做深入而细致，从宏观到微观，由上而下，由下而上的解读，有助于更快把握教材，备出符合学生学习规律、尊重学生学情的课。下面以统编版小学语文五年级上册第二单元为例，试述我是怎样在三研引领下，备出一个单元的课的。

一、研目标

（一）课程目标

1. 识字与写字

有较强的独立识字能力。累计认识常用汉字 3000 个左右，其中 2500 个左右会写。硬笔书写楷书，行款整齐，有一定的速度。能用毛笔书写楷书，在书写中体会汉字的优美。

2. 阅读

能用普通话正确、流利、有感情地朗读课文。默读有一定的速度，默读一般读物每分钟不少于 300 字。学习浏览，扩大知识面，根据需要搜集信息。能借助词典理解词语的意义。能联系上下文和自己的积累，推想课文中有关词句的意思，辨别词语的感情色彩，体会其表达效果。在阅读中揣摩文章的表达顺序，体会作者的思想感情，初步领悟文章基本的表达方法。在交流和讨论中，敢于提出自己的看法，作出自己的判断。阅读叙事性作品，了解事件梗概，能简单描述自己印象最深的场景、人物、细节，说出自己的喜欢、憎恶、崇敬、向往、同情等感受。阅读诗歌，大体把握诗意，想像诗歌描述的情境，体会诗人的情感。受到优秀作品的感染和激励，向往和追求美好的理想。阅读说明性文章，能抓住要点，了解课文的基本说明方法在理解课文的过程中，体会顿号与逗号、分号与句号的不同用法。诵读优秀诗文，注意通过诗文的声调、节奏等体味作品的内容和情感。背诵优秀诗文 60 篇（段）。扩展阅读面。课外阅读总量不少于 100 万字。

3. 习作

懂得写作是为了自我表达和与人交流。养成留心观察周围事物的习惯，有意识地丰富自己的见闻，珍视个人的独特感受，积累习作素材。能写简单的记实作文和想像作文，内容具体，感情真实。能根据内容表达的需要，分段表述。学写常见应用文。修改自己的习作，并主动与他人交换修改，做到语句通顺，行款正确，书写规范、整洁。根据表达需要，正确使用常用的标点符号。习作要有一定速度。课内习作每学年 16 次左右。

4. 口语交际

与人交流能尊重、理解对方。乐于参与讨论，敢于发表自己的意见。听人说话认真耐心，能抓住要点，并能简要转述。表达要有条理，语气、语调适当。能根据对象和场合，稍作准备，作简单的发言。注意语言美，抵制不文明的语言。

5. 综合性学习

为解决与学习和生活相关的问题，利用图书馆、网络等信息渠道获取资料，尝试写简单的研究报告。策划简单的校园活动和社会活动，对所策划的主题进行讨论和分析，学写活动计划和活动总结。对自己身边的、大家共同关注的问题，或电视、电影中的故事和形象，组织讨论、专题演讲，学习辨别是非善恶。初步了解查找资料、运用资料的基本方法。

（二）单元目标

依据课程目标，以及以上教材分析，制定本单元学习目标为：

1. 识字与写字

认识 30 个汉字，会写 42 个汉字；练习积累词语，要求掌握 6 个多音字，84 个词语。

2. 阅读

正确、流利朗读课文，能用事情发展顺序、题目拓展法、段意串联法、小标题等方法概括课文主要内容。学习提高阅读速度的方法：第一，注意力集中，不回读。第二，尽量连词成句地读，第三，运用记下时间、借助关键词句、抓住课文表达特点。第四，带着问题读。学习作者通过具体事例写出人物特点的方法，抓住人物言行，感受人物品质。复述故事，弄清楚"完璧归赵""渑池会面""负荆请罪"三个小故事之间的联系。默读课文，能按照运动速度的快慢排序，知道比猎豹速度更快的动物有哪些。学习作假设、作比较等说明方法，知道它们的作用。学习作者仔细观察、生动描写的方法，培养留心观察、用心感受的习惯，培养学生善于在平凡的事物中发现美的习惯。有感情朗读课文，结合课文中的具体事例，运用抓重点词句、联系上下文等方法，体会乡亲们默默无闻、无私奉献、一心为他人着想的品质。

3. 交流平台

读对话，交流提高阅读速度的方法，然后找一篇课外文章进行练习，巩固各种提高阅读速度的方法，为以后做准备。

4. 习作

"漫画"老师是一篇写人的作文。要求从外貌、衣着、性格、喜好等方面选择一位有突出特点的老师，再选择一两件事来突出其特点，要把事情写具体。

（三）学情分析

阅读起点：本单元为阅读策略单元。学生在之前的学习中已经接触了"预测"和"提问"这样两种阅读策略。阅读要有一定的速度在平常的学习中也有涉及，但没有这样系统地学习认识过，所以对于学生来说仍然是陌生的，需要老师的指导与帮助。

提升点：通过本单元的学习，学生可以在理解文章内容的前提下提高阅读的速度，让读不再成为难点。

障碍点：如何在这个单元中，基本了解提高阅读速度的方法并可以在之后的阅读中能够运用。

（四）近年大型考题分析

阅读策略单元主要是读书方法，考试中很难用文字体现，只能在做阅读理解题时才可用上的方法。唯一一种用文字的体现方式就是基础填空题，如：你知道或者你经常用哪些提高阅读速度的方法，写一写。除此之外，考题中不涉及这个单元的语文要素的内容。还会考词句段运用中的两项语段题：概括语句意思和根据成语意思写具体情境以及默写日积月累。同时，写人作文是五年级的重点。本单元作文就是写人的，在考试中也会出现。

二、研教材

（一）编排体例

统编版小学语文五年级上册二单元（以下简称本单元）教材按导语、课文、语文园地、习作的体例编排。导语揭示主题与语文要素。主题为"阅读要有一定速度"。语文要素为学习提高阅读速度的方法；结合具体事例写出人物特点。课文部分有精读课文四篇：《搭石》和《将相和》《什么比猎豹的速度更快》和《冀中的地道战》。语文园地包括交流平台、词句段运用、日积月累三个部分。交流平台是总结整理提高阅读速度的方法；词句段运用是概括语句意思和根据成语意思写具体情境。日积月累是关于珍惜时间的名言警句。习作内容是："漫画"老师。

（二）编写特点

1. 单元主题，揭示单元训练点

单元导语揭示主题及本单元的语文要素：学习提高阅读速度的方法；学习结合具体事例写出人物的特点。

每篇课文前面都有提高阅读速度方法的提示，以便于学生进行阅读时提高阅读速度。同时课后第一小题也是对提高阅读速度有一定的帮助，老师在上课时可以运用。

2. 体裁多样，叙事性和说明性文章为主

《搭石》是一篇乡土气息浓厚的文章。课文通过质朴感触的文笔把我们带入了乡间人们摆搭石、走搭石、过搭石的一幕幕如画的风景图中，体现了人们淳朴、勤恳、老幼相敬、一心为他人着想的美好品质，表达了作者对家乡人和事的怀念之情。

《将相和》通过对"完璧归赵""渑池相会""负荆请罪"三个小故事的记叙，写出了将相之间由不和到和好的经过，赞扬了蔺相如机智勇敢、不畏强暴、以国家利益为重、顾大局、识大体的品质以及廉颇勇于改过的精神。

《什么比猎豹的速度更快》是一篇说明性文章，运用列数字、作比较、作假设等说明方法，按照由慢到快的顺序，层层推进，向我们介绍了 9 种事物的速度，普及了科学知识，同时赞扬了科技创新的力量。

《冀中的地道战》记叙了在抗日战争中，冀中地道战的产生、作用以及地道的结构特点，歌颂了我国人民在对敌斗争中表现出来的顽强斗志和无穷无尽的智慧。

3. 引导学生运用自主、合作、探究的方式学习

本单元中每篇课文后面的习题都会提出合作探究的关键性问题。《搭石》一课的关键性问题是：说说课文给你留下印象最深的画面是什么，从哪些词句中可以体会到乡亲们美好的情感。《将相和》一课的关键性问题是：蔺相如、廉颇给你留下了怎样的印象？结合具体事例说一说。《冀中的地道战》一课的关键性问题是：地道战取得成功的关键是是什么？结合课文内容说一说。这些都是学生可以通过小组合作交流完成的问题，从而培养学生合作、自主、探究的能力。

4. 提高学生阅读速度，学习提高阅读速度的方法

每篇课文之前都会出示提高阅读速度的方法，后面的习题中会有相应的训练点。《搭石》一课中提高阅读速度的方法是"集中注意力，遇到不懂的词语不要停下来，不要回读。"《将相和》一课中提高阅读速度的方法是"尽量连词成句地读，不要一个字一个字地读。"《什么比猎豹的速度更快》一课中提高阅读速度的方法是"借助关键词。"《冀中的地道战》一课中提高阅读速度的方法是"带着问题去读。"同时，四课后面的第一道题都是"你读这篇课文用了几分钟？了解了哪些内容？和同学交流自己的阅读体会。"这些都是在为语文要素服务。

（三）学段地位

统编小学语文教科书编排上的一个重要特点就是关注方法和策略的学习，强调语文学习要使学生"具有独立阅读的能力，学会运用多种阅读方法"。在普通单元，通过单元语文要素、课后练习、《交流平台》，教给学生具体、细致的语文学习方法，渗透语文学习的策略。从低年级开始，引导学生一边

读一边想象画面（图像化策略），借助提示复述课文（复述的策略）；到中高年级，关于策略的学习更是丰富多样，如概括、批注、联结等策略，有关策略的学习渗透到教科书的方方面面。在此基础上，为强化策略的学习，教科书从中年级开始，还编排了专门的阅读策略单元，引导学生掌握一些最重要、最基本的阅读策略：三、四年级的重点是让学生学会阅读，编排的是"预测"和"提问"两个策略；五、六年级明确提出默读要有一定的速度，要学会浏览，根据需要收集信息。而我们五年级上册本单元的阅读策略就是"提高阅读速度"。

在五年级上册中，"阅读要有一定的速度"这个单元是第二单元，位置比较靠前。在后面的单元的学习中，我们要一直训练、巩固本单元学到的提高阅读速度的策略，不是说光二单元学完就没事了。

三、研实施

（一）各种课型教学模式（分课时设计）

依据相关课标建议，制定本单元类型教学模式如下：

识字写字教学流程：本单元的课文不需要进行课前预习，所以四课生字的学习都集中在课文学习之前统一学习。

阅读教学流程：第一环节，小游戏导入本课的提高阅读速度的方法，如："两人共读一页书""扩大视域"等。第二环节，用学到的提高阅读速度的方法初读，记录所用时间。第三环节，交流读后的收获与感受，总结提高阅读速度的方法。第四环节，运用学到的方法进入关键性问题的学习，并有感情朗读，感受、理解、欣赏和评价，与同伴、教师交流。第五环节，在交流的过程中，学习表达。（修辞手法、写作顺序等）。第六环节，实践训练，听、说、读、写（或拓展阅读）此项用时 10—15 分钟。

习作教学流程：以《漫画老师》为题，写一篇 400 字的习作。

要求：先想想你的老师有什么突出的特点，如外貌、衣着、性格、喜好等。

再选择一两件能突出其特点的具体事情来写。

第一环节，创设情境。第二环节，审题指导，点明习作主题：漫画老师。第三环节，组织材料。第四环节，突破难点。第五环节，动笔写，师巡视。

（二）评价方法

课标评价原则：充分发挥语文课程评价的多种功能。恰当运用多种评价方式。注重评价主体的多元与互动。突出语文课程评价的整体性和综合性。

本单元我的评价方式与准则：自我、同伴、家长、教师评价相结合。书面、语言、眼神、体态、动作等方式相结合。按标准、分等级评价。指向性明确。注重评价过程中有互动。形成性评价为主，注重定性评价。

各类型课的评价方法：

识字与写字：是否具有独立识字能力。在方格、横格内书写楷体字，能否做到正确、规范、美观，行款整齐，有一定速度。

朗读方法运用，"眼动"读书法，扩大视读范围，默读有一定速度。学习略读，提取主要信息。有感情朗读，把握感情基调，抓住人物语言、动作等读出人物内心世界。概括课文内容：在教师的帮助下，运用合适的方法，较为准确的概括大意。表达方法：重点词句表情达意的作用。字词理解：准确说出字词在具体语言环境中的含义。

习作：以《漫画老师》为题，写一篇400字的习作。评价标准：是否写出老师突出的特点，如外貌、衣着、性格、喜好等。是否通过一两件具体事情体现老师的突出特点。选择的事例是否与特点相匹配。最后，修改自己习作中错误明显的句子。

课外阅读：课标要求积累课文中的优美词语、精彩句段，以及在课外阅读和生活中获得的语言材料。养成读书看报的习惯，收藏并与同学交流图书资料。课外阅读总量不少于40万字。我准备结合教研室推荐书目，阅读《草房子》从而对所学过的提高阅读速度的方法进行巩固训练。同时，利用每周二的阅读课，上好推荐课、推进课、交流课三种课，指导学生读书的方法。运用思维导图的方式梳理一个故事或一个章节的内容，与课堂教学联系起来。

每项要求都有落实、有奖励制度。

（三）单元创新思路

本单元的课文都不需要回家提前预习，我会在每课的导入部分采用游戏的方式，从而进入提高阅读速度方法的学习。每种提高阅读速度的方法的学习之前，我都会跟学生玩一个与提高阅读速度方法有关的小游戏，从而激发学生学习的兴趣与热情，更好地开展教学。比如：在教学《搭石》这课时，我采用了"两人共读一页书""找'的'游戏"作为导入来进入课文的学习。在教学《将相和》这课时，我采用了出示四张卡片，看谁能一眼看完卡片上的所有词语，从而体会"连词成句"的好处。

（四）教学评一致性，以《将相和》为例：

教学目标	学习活动	评价任务
运用"连词成句"的方法练习速度课文，理清文章脉络，了解课文主要内容。	1. 看课前提示，明确快速阅读的方法。 2. 出示四张卡片，看谁能一眼看完卡片上所有的词语。 3. 第一次运用阅读方法读课文，记下所用的时间。 4. 检测阅读效果 5. 交流阅读感受及方法 6. 用学到的方法再次阅读课文，记下所用时间。〔提出问题〕	1. 明确本课要学习的提高阅读速度的方法。 2. 以游戏的方式初步体会"连词成句"的阅读方法。 3. 首次阅读，明确时间。 4. 检测题：《将相和》这个故事发生在哪？"将"和"相"分别指的是谁？课文围绕"将相和"讲了三个小故事，找出关键词概括小标题。 5. 明确答案以及快速阅读课文的好方法。 6. 再次运用方法阅读速课文，体会"连词成句"方法的好处。

（五）课程资源开发与利用

课内：书中的课文都可当作训练阅读速度方法的例文。课外：搜集相关资料，比如：蔺相如和廉颇以及地道战的资料，观看电影《地道战》，还可以回家打开手电筒，亲自感受下光的速度以及科学技术的神奇与伟大。

在华师三研的引领下，我们可以更加有效的备课，理清思路，为我们成长为专业的、有研究意识的教师提供助力。我也会通过自己的努力，向着一名"好"教师迈进，做一名有教育尊严的教师。

躬行"三研"出真知

语文统编版五年级上册第五单元三研

王晓燕

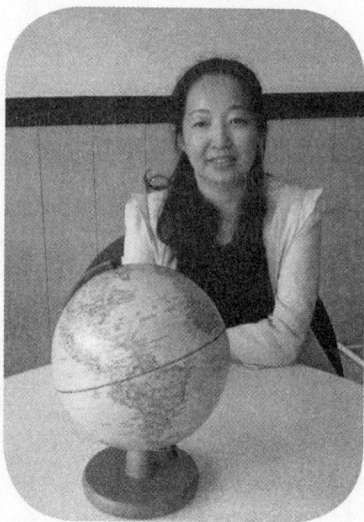

王晓燕，包头市九原区沙河第二小学语文教师，小学中级教师，本科学历。从事语文教学二十多年，一直秉承语文要"教会学生阅读，教会学生习作"的理念，教学中以课文为例子，帮助学生提高阅读和习作的能力，同时也积累了一些教学经验。撰写的论文《"悟表达"与"学表达"》获人民教育出版社统编版教学论文评选优秀论文提名奖；参与《主题诗文诵读》教材的编写；参加包头市习作教学讲座；承担九原区习作教学观摩课。叶圣陶先生说过："阅读与习作都是习惯方面的事情"作为一名语文老师，将继续在培养学生终生阅读的习惯上继续努力。

导 言

2019年秋季，全国所有小学生都统一使用由教育部审定的义务教育语文教科书（简称统编教材）。这就意味着原先我们使用的人教版教材将退出历史舞台，面对全新的统编教材，不禁要问自己："你准备好了吗？"今天用华师三研的模式站在单元的高度研教材、研目标、研实施，让自己对教材的认识由模糊到清晰，由浅显到深入，由平面到立体。下面我就以统编版语文五年级上册第五单元（习作单元）为例，论述我是怎样在三研引领下，解读单元教材的。

一、研教材

（一）单元编写体例

大家都知道统编教材从三年级上册开始，每册安排一个"习作单元"，每个"习作单元"都以一个明确的习作能力为训练目标，整个单元的内容紧紧围绕这个关键能力进行编排。我所三研的五年级上册第五单元就是习作单元。本单元围绕"说明文以'说明白了'为成功"这一主题，以"说明事物"为主线，通过阅读和习作活动，引导学生了解说明性文章基本的说明方法，着力培养他们能用恰当的说明方法，把某一事物介绍清楚的习作能力。

本单元的编排体例和三、四年级习作单元的编排体例相同：先安排两篇精读课文《太阳》和《松鼠》，接下来是"交流平台"和"初试身手"，之后是两篇习作例文《鲸》和《风向袋的制作》，最后是单元习作《介绍一种事物》。

（二）单元编写特点

1. 内容紧紧围绕习作能力编排。

通过本单元学习要让学生初步具有写简单的说明性文章的习作能力。因此，语文要素从阅读简单的说明性文章，了解基本的说明方法和搜集资料，用恰当的说明方法，把某一事物介绍清楚两方面提出学习要求。选编课文《太阳》一课是运用多种说明方法对太阳离地球远、大、会发光、发热以及与人类的密切关系的特点进行说明，语言平实。《松鼠》一文，抓住松鼠的主要特点进行具体说明，语言活泼。交流平台则是依据两篇精读课文，总结归纳出本单元集中体现的说明文的作用和表达上一些特点。初试身手注重联系学生的生活，以读写结合、文体改写的方式，将阅读精读课文习得的说明文表达的基本方法向写作迁移，进行写片段的尝试，并为学生提供了两个练习题：练习一：以电视塔为例，尝试运用多种说明方法介绍身边的事物。练习二：将散文《白鹭》2—5自然段改写为说明文，通过对比体会说明文的特点。习作例文《鲸》和《风向袋的制作》选取两篇不同表达风格的例文，借助批注的方式，让学生对说明文表达方法的认识从抽象到具体，从知其然到知其所以然，直观感受到说明方法在具体言语实践中发挥的作用。

2. 各部分内容承载着特定的教学任务和侧重点。

语文要素明确单元训练重点。两篇精读课文和其他单元精读课文的教学定位不同，它们让学生从不同类型的说明性文章中了解基本的说明方法，感受说明文不同的语言风格，直指表达方法，旨在让学生在阅读中学习表达。交流平台归纳梳理，提炼表达方法。初试身手初步尝试运用方法。习作例文进一步感悟习作方法、积累习作经验。最后通过单元习作形成单元学习成果——能用恰当的说明方法介绍清事物的主要特点。

3. 课后练习题设计指向单元学习重点。

如：《太阳》一课课后练习题一：默读课文，想一想：课文从哪些方面介绍了太阳？太阳对人类有哪些作用？这是"抓住事物要点"进行说明的训练。练习题二：读下面句子，结合课文内容，说说作者运用哪些说明方法介绍太阳的，体会这样写的好处。这是"了解基本说明方法，感受其作用"的训练。（1）太阳离我们有一亿五千万千米远。（2）一百三十万个地球才能抵得上一个太阳。（3）到太阳上去，如果步行，日夜不停地走，差不多要走三千五百年；就是坐飞机，也要飞二十几年。

如：《松鼠）一文的课后练习题一：默读课文，把从课文中获得的有关松鼠的信息分条写下来。这是也是"抓住事物特点进行说明"的训练。练习题二：读下面的句子，找出课文中相应的内容，体会表达上的不同。（1）松鼠体形细长，体长 17～26 厘米，尾长 15～21 厘米，体重 300～400 克。（2）松鼠在树上筑巢或利用树洞栖居，巢以树的干枝条及杂物构成，直径约50 厘米。（3）松鼠每年春、秋季换毛。年产仔 2～3 次，一般在 4、6 月产仔较多。这是体会"不同类型的说明文有不同语言风格"的训练。

（三）单元内容结构分析

习作单元自成体系，精读课、交流平台、初试身手、习作例文和单元习作这五个板块的内容虽然各具功能但它们却又是一个不可分割的整体。它们以单元习作要素：搜集资料，用恰当的说明方法，把某一事物介绍清楚为核心目标。协同作用，各负其责，为学生的习作提供多方位的方法指导，让学生的学习经历"认识 -- 实践—再认识—再实践"的过程，最后水道渠成的完成习作形成单元学习成果。

二、研目标

（一）课程学段目标

1. 识字与写字教学

（1）有较强的识字能力。累计认识常用汉字 3000 个左右，其中 2500 个左右会写。

（2）硬笔书写楷书，行款整齐，力求美观，有一定的速度。

（3）能用毛笔书写楷书，在书写中体会汉字的优美。

（4）书写姿势正确，有良好的书写习惯。

2. 阅读教学

（1）能用普通话正确、流利、有感情地朗读课文。

（2）默读有一定的速度，默读一般读物每分钟不少于 300 字。学习浏览，扩大知识面，根据需要搜集信息。

（3）能联系上下文和自己的积累，推想课文中有关词句的意思，辨别词语的感情色彩，体会其表达效果。

（4）在阅读中了解文章的表达顺序，体会作者的思想感情，初步领悟文章的基本表达方法。在交流和讨论中，敢于提出看法，作出自己的判断。

（5）阅读叙事性作品，了解事件梗概，能简单描述自己印象最深的场景、人物、细节，说出自己的喜爱、憎恶、崇敬、向往、同情等感受。阅读诗歌，大体把握诗意，想象诗歌描述的情境，体会作品的情感。受到优秀作品的感染和激励，向往和追求美好的理想。阅读阅读说明性文章能抓住要点，了解文章的基本说明方法。阅读简单的非连续性文本，能从图文等结合材料中找到有价值的信息。

（6）在理解课文的过程中，体会顿号与逗号、分号与句号的不同用法。

（7）诵读优秀诗文，注意通过语调、韵律、节奏等体味作品的内容和情感。背诵优秀诗文60篇（段）。

（8）扩展阅读面。课外阅读总量不少于100万字。

3. 习作教学

（1）懂得写作是为了自我表达和与人交流。

（2）养成留心观察周围事物的习惯，有意识地丰富自己的见闻，珍视个人的独特感受，积累习作素材。

（3）能写简单的记实作文和想象作文，内容具体，感情真实。能根据内容表达的需要，分段表述。学写读书笔记，学写常见应用文。

（4）修改自己的习作，并主动与他人交换修改，做到语句通顺，行款正确，书写规范、整洁。根据表达需要，正确使用常用的标点符号。

（5）习作要有一定速度。课内习作每学年16次左右。

（二）单元目标

1. 识字与写字：会认12个生字，会写20个生字。

2. 阅读：阅读简单的说明文，了解基本的说明方法。

3. 习作：搜集资料，用恰当的说明方法，把某一事物介绍清楚。

（三）课时目标

1. 课文

（1）《太阳》

① 自主认识4个生字，会写9个生字。

② 默读课文，了解作者介绍了太阳的哪些特点以及它对人类的作用。

③ 通过介绍太阳特点的语句，了解作者运用了哪些基本的说明方法，并体会这样写的好处。

（2）《松鼠》

① 自主认识8个生字，会写11个生字。

② 默读课文，把从课文中获得的有关松鼠的信息用思维导图分条记录

下来。

③ 通过对比，能体会说明性文章不同的语言风格。

（3）交流平台

① 能结合课文内容，交流总结说明性文章的特点，体会恰当使用说明方法的好处。

（4）习作例文

① 能尝试运用多种说明方法说明一个事物的特征。

② 把散文《白鹭》2—5 改写为说明文，体会不同文体的特点。

（四）学情分析

本单元的《太阳》一课学生在人教版三年级下册已经学习过，对列数字、作比较、举例子、打比方这几种常用的说明方法有了一些初步的认识，能够从文中找到常用的说明方法，所以在学习精读课文时了解基本的说明方法以自学为主，教师重在引导学生结合课文内容体会运用说明方法表达的好处，在对比中体会说明性文章不同的语言风格。

单元习作"介绍一种事物"学生的难点是从搜集的资料中确定要从哪几方面介绍事物，它有什么特点？这些特点用什么样的说明方法来说明比较恰当？所以需要学生提前确定写作内容，提前搜集资料，教师使用好习作例文帮助学生突破选材——抓特点——确定说明方法这几个难点。

（五）考题分析

2011 版的《语文课程标准》在第三学段中明确提出说明文的阅读目标：阅读说明性文章，能抓住要点，了解文章的基本说明方法。所以有关说明文的考题在第三学段中才有所涉及，查阅 2017—2020 期间五年级的试卷发现，从 2019 年开始试卷中才出现了有关说明文的考题，出题形式都是以"以阅读短文，完成问题"来呈现。

2019—2020学年九原区五年级期末有关说明文考题的试卷分析

年份	题型					总分
	一、抓要点简练概括从哪几方面介绍事物。	二、体会说明文语言表达严谨性的特点。	三、判断说明方法并体会表达的好处。	四、梳理信息简略概括。	五、从文中画出指定的说明方法	
2019-2020第一学期	6分	2分	6分		2分	14分
2019-2020第二学期	3分	2分	4分	4分		13分

通过对这一学年试卷题型的分析比较，我们会发现针对说明文考查的题型紧扣 2011 版的《语文课程标准》提出的说明文的阅读目标。

1. 题型解析

（1）各类题型的问法及考查形式

① 题型一：以"围绕主题内容，介绍了哪几方面的内容，用简练的语言写下来"或反过来"用简洁的语言梳理从哪几方面介绍了主题内容"来提问。考查形式第一学期是以思维导图的形式有提示的填空，第二学期是直接问答，学生自己梳理提炼。

② 题型二：以直接问答的形式说说"文段中加点字'也许、大约、大概'这类词语能不能去掉，说明理由或为什么"。

③ 题型三：第一学期"文段中划线的语句运用的哪两种说明方法，这样写有什么好处？第二学期"文中划线的句子使用了哪些说明方法，请联系文意谈谈使用这些说明方法的妙处。考查形式都是直接问答形式。

（2）每种题型学生存在问题

① 题型一和题型四：学生提炼的内容第一：不全面。第二：语言不简练。

② 题型二：学生对"大约、也许"等词不能去掉的理由表述不清楚，

不能说出体现说明文语言的严谨性这一特点。

③ 题型三和题型五：混淆作比较和举例子这两种说明方法，不能做出准确判断。

2. 教学建议

综上所述我们会发现，相同内容的考题两个学期的考查是有梯度的：由扶到放，由易到难。在教学中我们的训练也要把握年段特点，训练的题型循序渐进。对于常用的说明方法要让学生熟记于心并通过大量的阅读实践让学生内化每种说明方法的特点，交给学生结合文本内容表述运用说明方法表达的好处，通过大量阅读提高学生的语言理解能力和概括能力。

三、研实施

（一）单元创新思路

统编教材无论是从编排形式、编排内容还是习作教学理念都有突破与创新，这对第一次使用统编教材，第一次教学习作单元的每一位教师来说是一次很大的挑战。我们也必须顺势而行让自己的课堂教学有突破、有创新。本单元作为习作单元的特殊性，决定了在教学本单元内容时识字写字、内容的理解、词句段的品析以及朗读不是教学重点。重点在于挖掘分散在精读课文等五大内容中的习作资源，为单元习作要素的达成"铺路架桥"。教学中首先，明确单元目标：介绍一种事物。其次，发挥好五大板块的不同功能：精读课文引导学生认识列数字、举例子、作比较、打比方、分类别等说明方法，并体会其表达效果。随着精读课文的学习及时总结、梳理，让"交流平台"与课文学习相结合。利用好"初试身手"的训练素材，读写结合让学生说明事物的习作能力逐层提高。习作例文不能教成略读课，要与习作教学结合起来，可以根据习作目标分部分、有选择地学习。最后，灵活处理各部分的教学内容。根据需要调整次序进行教学。

（二）单元课时分配

本单元共计 11 课时。具体安排如下：

内容	课时
1. 明确学习目标和习作内容。 2. 学习单元生字、词语。	1课时
《太阳》交流平台1、2段内容	1课时
习作例文学习	1课时
初试身手1：选择身边的一个事物，试着运用多种方法来说明它的特征。	1课时
明确习作要求，布置搜集资料。	1课时
《松鼠》交流平台	1课时
初试身手2：将《白鹭》第2～5自然段改写成一段说明性文字，体会它们的不同。	2课时
完成单元习作	3课时

（三）单元整体教学建议

"习作"是习作单元达成的终极目标，就本单元的习作——"介绍一种事物"而言，教材提出了如下要求：(1) 写清楚事物的主要特点；(2) 试着用上恰当的说明方法；(3) 可以分段介绍事物的各个方面。为了实现这一目标，单元五大板块内容从不同角度分别指向和对应这个目标。在单元教学中，我们可以从以下几方面着手展开教学，实现教学目标。

1. 明确学习目标和习作内容。

单元教学伊始，首先要让学生阅读本单元教材的扉页，从叶圣陶先生的名言中明确本单元学习的是说明文，阅读训练要素是"阅读简单的说明性文章，了解基本的说明方法"，写作训练要素是"搜集资料，用恰当的说明方法，把某一事物介绍清楚"。然后再浏览本单元的教材，大致了解教材的精读课文、交流平台、初试身手、习作例文、习作等五大板块。与其他单元的学习内容进行对比，交流讨论：本单元学习的内容与其他单元有什么不同？让学生知道：这是一个特殊的单元——习作单元，这一单元的学习任务就是要写出一篇习作。最后学生阅读 70 页本单元的习作要求，知道本单元的习作内容：介绍一种事物。

2. 学习单元生字、词语。

五年级学生已经具备自主识字的能力，本单元生字、词语学生先自主学习，再进行当堂检测，完成学习任务。

3. 单元内容整体教学

（1）教学流程

抓住要点，列出提纲——认识方法，体会好处（精读课文）——提炼总结，得出结论（交流平台）——链接巩固，加深理解——方法对比，体会恰当（习作例文）——实践运用，掌握学情（初试身手）

（2）课时设计

① 精读课。以《太阳》为例：第一步，以默读课文思考课后第 1 题"想一想：课文从哪些方面介绍了太阳？太阳队人类有哪些好处？"为切入点，引导学生提炼概括课文介绍太阳的要点，教师板书列出提纲。第二步，引领学生把目光聚焦到介绍"太阳远、大、热的特点"的第 1、2、3 自然段，找出课文运用了哪些说明方法？第三步，再运用删减的方式，通过句子比较，认识列数字、举例子、作比较、打比方等说明方的表达效果。在这个过程中交给学生说明文考题的答题方法，并在书上写一写，表达的好处。第四步，总结交流平台中与《太阳》一课相关的内容。

② 习作例文。第一步，让学生围绕"课文从哪些方面介绍了鲸？（列出提纲）运用了哪些说明方法？这样写有什么好处？"这几个问题自读《鲸》

一文。这样，讲练结合，以达到复习巩固说明方法的目的。第二步，说说课文是如何把制作风向袋的过程介绍清楚的？列出提纲。第三步，找出《太阳》、《鲸》和《风向袋的制作》三篇文章中列数字的说明方法，体会有什么不同之处？句一：太阳离我们约有一亿五千万千米远。句二：我国发现过一头近四十吨重的鲸，约十七米长，一条舌头就有十几头大肥猪那么重。句三："剪下4根长10厘米左右的塑料绳，在袋口边缘分别扎4个小洞。将4根塑料绳穿过4个小洞，绑在铁丝圈上，另一头绑在一起，打一个结实的结。以此，让学生能明白即使是同一种说明方法，在不同类型的说明性文章中，呈现的方式也要恰当。

③ 初试身手。以初试身手1为例：在学生认识说明方法并体会其作用的基础上，进行"初试身手"1的实践运用"选择身边的一个事物，试着运用多种方法来说明它的特征"。第一步，明确要求。尝试着运用学习到的说明方法至少三种来说明自己身边的某一事物的特征。第二步，打开思路。说说想介绍什么？有从哪几方面介绍？并列出提纲。第三步，确定可以运用什么说明方法？第四步，自主完成。第五步，集体交流，指正问题。

④ 习作准备——确定习作内容，搜集资料。

本单元习作涉及搜集资料，为让教学内容有效衔接，需要学生提前确定习作内容，搜集好所需资料。因此，习作的选材环节提前进行。第一步，阅读本单元的习作要求，借助表格提示，结合自身的兴趣爱好确定想要介绍什么事物。第二步，全班交流依据介绍事物分组讨论可以从哪几方面介绍事物？确定搜集资料的方向。第三步，列出搜集资料的提纲。第五步，搜集资料（课下进行）。

⑤ 完成单元习作。学生经过前期的学习，经历了运用多种说明方法进行片段描写、改写的练习，提前依据提纲搜集了相关的习作资料，在此基础上进行单元习作实践，难度就降低了许多。习作前第一，明确习作评价要求。第二，结合搜集的资料自主完成习作。第三，引导学生根据"是否写清楚了事物的主要特点""是否运用了恰当的说明方法""是否分段介绍了事物的各

个方面"等标准进行互评、自改，从而达成本单元的教学目标"搜集资料，用恰当的说明方法，把某一事物介绍清楚"。

　　"纸上得来终觉浅，绝知此事要躬行"通过对统编版五年级上册第五单元的三研，让我认识了习作单元的立体结构，看到了习作教学"读写结合"的本质，思考了实现习作目标的有效教学支架，使得习作教学思路在我面前变得越来越清晰，越来越有章可循，有路可走。

第三章　专题三研

学习阅读策略　提高阅读质量

语文统编版《阅读》专题三研

王敏

王敏，内蒙古包头市九原区沙河二小语文教师，小学高级教师，本科学历，曾获包头市先进教师，九原区学科带头人，九原区教学能手，曾进行九原区示范课展示，共参加三项自治区级、市级的课题研究，并取得结题证书。从事语文教学二十多年，一直注重课内阅读和课外阅读相结合，坚信"授之以鱼，不如授之以渔"，课内外阅读注重学习方法的指导，所教学生热爱阅读，读书有法，经常有自己独到的见解，所带班级屡次被评为"书香班级"。

导　言

众所周知，改进阅读方法，提高阅读速度，是现代社会工作和学习的需要，也是终身学习和发展的需要。学生进入高年级，课内外阅读量逐渐增加，阅读材料的种类不断丰富，掌握并运用多种阅读策略，对于增加阅读量，扩大知识面尤为重要。我们小学语文的阅读策略有哪些呢？统编版教材从三年级到六年级为我们介绍了四种阅读策略，分别是"预测""提问""提高阅读的速度""有目的地阅读"。著名数学家华罗庚把读书过程归结为"由厚到薄，由薄到厚"两个阶段，如果说普通单元的"学阅读"更多的是"把厚书读薄"（批注等除外），取向"读懂"，那么策略单元则是"把薄书读厚"，取向"读活"。

接下来，通过研专题目标、研专题教材、研专题实施的三研，让我们对小学语文阅读策略进行更多的探究。

一、研目标

（一）课程目标

1. 课程标准总目标

课程标准总目标中关于阅读是这样表述的"具有独立阅读的能力，学会用多种阅读方法，有较为丰富的积累和良好的语感，注重情感体验，发展感受和理解的能力，能阅读日常的书报杂志能初步鉴赏文学作品，丰富自己的精神世界。"

2. 学段目标

第一学段：阅读浅近的童话、寓言、故事，向往美好的情境，关心自然和生命，对感兴趣的人物和事件有自己的感受和想法，并乐于与人交流。

第二学段：能复述叙事性作品的大意，初步感受作品中生动的形象和优美的语言，关心作品中人物的命运和喜怒哀乐，与他人交流自己的阅读感受。

第三学段：阅读叙事性作品，了解事件梗概，能简单描述自己印象最深的场景、人物、细节，说出自己的喜欢、憎恶、崇敬、向往、同情等感受。阅读诗歌，大体把握诗意，想象诗歌描述的情境，体会作品的情感。受到优秀作品的感染和激励，向往和追求美好的理想。阅读说明性文章，能抓住要点，了解课文的基本说明方法。

（二）专题教学目标

基于课程标准总目标和学段目标，结合阅读策略的特殊性，每个阅读策略给出的阅读方法也不尽相同，因此相对应的教学目的也是不同的。

三年级上册学习关于"预测"的阅读策略，旨在引导学生将平时无意识的阅读心理，转变为一种有意识的阅读策略，并能在阅读过程中不断主动的进行预测。

四年级上册关于"提问"的阅读策略，主要是教给学生提问方法，培养问题意识，提高阅读能力。

五年级上册关于"提高阅读速度"的阅读策略，是让学生学习提高阅读速度的方法，并自觉运用到阅读实践中，逐渐形成良好的阅读习惯。

六年级上册关于"有目的地阅读"策略，目的是让学生提高阅读效率，有助于尽快完成相关任务。

各册书的阅读策略以一个阅读策略专题为中心，设计各个层次的教学目标，把3—4篇课文紧密联系起来，作为一个整体呈现。后一篇课文是前一篇课文的提高，以突出单元阅读策略教学目标的层次性、递进性和发展性。

（三）近年考题分析

从2018年开始，全区期末测试都会对学生的课外阅读进行检测，接下来，我们重点分析一下2018—2020年六年级语文期末试卷中对课外阅读检测的试题。

1．2018年六年级第一学期期末试卷中对整本书阅读的考查试题是：

① 下面关于《假如给我三天光明》表述错误的一句是（　　）2分

A 关于主题：海伦·凯勒以一个身残志坚的柔弱女子的视角，告诫身体健全的人们应该珍惜生命，珍惜造物主赐予的一切，不向命运低头。

B 关于情节：这本书前半部分写海伦·凯勒的求学生涯，后半部分写了海伦变成盲聋人后的生活。

C 关于人物：莎莉文老师是书中全力塑造的"慈爱之师"和"智慧之师"，她懂儿童，懂教育，用爱的光辉引领海伦走进了光明和自由的世界。

D 关于阅读策略：要想走进书中主人公的生活世界，就要常常采用对比的阅读策略，以自己作为健全人和书中人物进行比对，就能体会盲聋人的心里感受和生活的不易。

② 下面哪篇文章不是出自《留德十年》（　　）2分

A《怀念母亲》

B《我的女房东》

C《自己的花是让别人看的》

D《回到祖国的怀抱》

这两道题主要检测全区六年级上学期学生阅读共读书目的情况。涉及了主题、情节、人物、阅读策略的辨析。

2．2019年六年级第一学期期末试卷中对整本书阅读的考查试题是：

高尔基的《童年》中塑造了很多逼真立体的人物形象，请你按要求选择三个人物做点评。

① 阿廖沙　② 大舅舅米哈伊尔　③ 小舅舅雅科夫　④ 外祖父卡西林　⑤ 继父叶夫根尼·马克西莫夫　⑥ 保姆叶夫根尼娅（6分）

人物名字	特点"之最"	理由
	最自信坚强	
	最自私贪婪	
	最残暴的人	

这道题主要考查学生在整本书阅读中对人物性格特点的把握，需要学生对书中人物进行统整，对相应的故事情节进行梳理。总分是6分，学生平均得分为4.84分，得分率为80.73%。

3．2020年六年级毕业试卷中对整本书阅读的考查试题是：

《鲁宾逊漂流记》《骑鹅旅行记》《汤姆·索亚历险记》中的主人公都有敢于冒险的性格特点，请填写下表，圈出其"冒险指数"，评选出2020年度名著读物中的"冒险家"。（3分）

人物	具体的一个事例	冒险指数
鲁滨逊		★★★★★
	帮助小雕高尔果逃出囚笼	★★★★★
汤姆·索亚		★★★★★

通过全区这两年对课外阅读的检测，我们不难发现，在高年级整本书阅读中，更要注重指导学生将学到的阅读策略进行迁移运用，引领学生通过探寻人物性格，发现整本书的内涵与意义。指导读书要逐渐摆脱浅层次、低效率阅读，通过班级读书交流的方式带领学生带着思考去读，带着方法去读，把书读"精"，读"透"，读"活"，使阅读思维走向深处。

二、研教材

（一）专题编排体例及目的

在《义务教育语文课程标准（2011年版）》里面有明确的要求，要培养学生具有独立阅读的能力，使其学会运用多种阅读方法。在一、二年级，强调让孩子爱上阅读，解决基本的字词识别问题，掌握阅读的基本技能。三、四年级的重点是让学生学会阅读，在这个过程中我们会提出怎样让学生学会预测、学会有效提问。五、六年级明确提出默读要有速度，要学会浏览，根据需要收集信息。根据这样的目标，统编教材以单元的形式设计了不同的阅读策略专题。具体而言，在三年级上册安排的是预测，四年级上册安排的是提问，五年级上册安排的是提高阅读速度，六年级上册安排的是有目的地阅读，即怎么样带着问题、带着不同的目的进行阅读。教材关于"阅读策略"的设置具有以下三大特点。

1. 以单元独立设置——让阅读策略课程目标更明晰

在以往的阅读教学中，"阅读策略"的课程目标基本上是比较虚化的存在，教师阅读教学目标中鲜见关于"阅读策略"目标的描述及达成的有效方法。"阅读策略"在课标的表述中多以学段的"课程目标"出现，而不是以某一年级具体的"课程内容"出现，因此就缺少了鲜明的指向性。一方面各版本教材也少有专门的阅读策略学习内容，每个年段"阅读策略"的课程内容需要教师在研读课程标准、研读教科书时自行梳理、提炼，再落实到教学中，这就容易造成"阅读策略"课程目标在教学中被虚化或随意化处理。

统编小学语文教科书独立设置四个"阅读策略单元"，观照了课标的要求，将"阅读策略"课程目标具化为课程内容，凸显了"阅读策略"这一课程目标的系统性、阶段性和科学性，让阅读策略编排变"无"为"有"，变"随意"为"有意"，变"模糊"为"清晰"，让课程目标看得见、摸得着，增强了课程目标的指向性、指导性、操作性。

2. 单元整体设计——让阅读策略教学内容更聚焦

统编小学语文教科书以单元整组的形式独立编排四个阅读策略学习内容，并设计了一系列学习实践活动内容，使之成为一个完整的、独立的课程单元，使阅读策略课程内容变"随意安排"为"精心设计"，变"零散植入"为"整体推进"，变"有要求无载体"为"内容详实有体有系"，让单元目标更加凸显，让单元课程内容更加集中、更为聚焦，在教学实践中能有效避免教学内容冗杂、泛化甚至"旁逸斜出""节外生枝"等方面的问题。

重视过程指导——让阅读策略学习实践更落实

统编教科书按照"规则辨认—尝试应用—独立应用—规则总结"的认知发展过程，从课程实施的顶层设计上进行了精心策划，对阅读策略单元内容进行整体编排，彰显了教材内容的"教学化""过程化"特征，展现了教学的整体性、过程性、实践性和操作性，便于教师将"语文课程是一门学习语言文字运用的综合性、实践性课程"这一课程性质落到实处。

（二）专题内容及其结构

三到六年级的阅读策略教材都是按照精读课文、略读课文及语文园地进行编排。精读课文明晰阅读策略，认知关键特征；略读课文尝试运用策略，独立进行实践；"交流平台"总结阅读策略，实现策略迁移。尽管四个阅读策略散落在四个年级，但后面年级阅读策略的学习，是以前面年级所学为基础的，体现出了承接递进的关系。

1. 预测策略

预测有时候被叫作猜想、猜测或推理，我们不做严格意义上的区分。预测策略指的是读者在阅读中根据有关信息对文本的情节发展、故事结局、人物命运、作者观点等方面进行自主假设，并在阅读过程中寻找文本信息来验证自己已有的假设，如此反复假设、验证，不断推进阅读。这样，实际的阅读过程变成了一个问题解决的过程，就不再只是见到字形读出字音那么简单了。相比而言，我们传统意义上"见到字词，读出字音"，就有可能像是"小和尚念经，有口无心"。只有通过这种不断提出假设、检验假设的过程，才有可能在语文教学中真正推动学生的思维发展。

预测不是一次性完成的，它是一个不断循环往复的过程。不仅见到题目时可以预测，读到一个段落也可以猜想，重点不在于是猜对还是猜错了，而是在不断的假设检验中，对文本有进一步的加工和理解。预测策略的使用可以充分调动个体先前经验，发挥读者的想象并对文本产生期待。带着期待来阅读能够激发孩子的阅读兴趣，同时也拉近文本与读者之间的距离。兴趣是最好的老师，阅读兴趣越高，教学效果就会越好。同时，阅读策略的使用会提升学生对文本的参与度。检验假设是检验学生自己的假设，不是为了完成教师布置的任务，所以课堂参与度、卷入度就会高，阅读成绩自然就好。

2. 提问策略

提问就是在阅读的过程中能够提出自己不懂的问题。问题可以是宏观的，也可以是微观的；可以是不懂的字词，是难懂的段落，也可以是对课文的整体提出一些质疑。如：这句话用得好吗？用得对吗？是不是换一种说法有可能会更好？提问不仅仅是提出自己不懂的问题，也可以提出自己不同的观点，所以提问与批判性思考有密切的关联。在统编教材中，主体还是就第一个方面来做的介绍。有时候教师提的问题不见得是适合学生的，实际上只是进行示范，通过示范，希望学生提出自己感兴趣的问题，提出自己的批判和质疑，最终目标是建构学生自己对文本意义的理解，有效地解决问题，收集信息，并且去发现新的信息，引发新的学习兴趣。

3. 提高阅读速度

阅读速度与阅读理解之间是什么样的关系？阅读速度强调读者在短时间之内或者在我们规定的时间之内，迅速地理解文章材料中的主要的信息。强调抓大放小，不要去抠细节，在大体上能读懂的基础之上去提高速度，所以提高速度不是以牺牲准确性为前提的。在这里需要说明的是，提高阅读速度与快速阅读不是一码事，虽然快速阅读也是可以提高阅读速度的。在今天这样一个信息网络时代、知识爆炸的时代，我们更强调要会进行信息的甄别和筛选，明确什么东西该看、什么东西不该看。假如我们天天看手机，天天看心灵鸡汤，读得越多越快，即使能"一目十行"，也不会提升品位。在知识爆炸的时代，有益的东西还在，没用的东西也不少，所以我们不能一味地只讲速度，提高速度一定要与后面谈到的阅读监控即目的性阅读密切联系。在教学中，针对每篇课文的特点，老师首先教给孩子许多能提高阅读速度的方法：不回读、专注地读、面读法、指读法、跳读法、寻读法……

4．有目的地阅读

有目的地阅读是指根据不同的阅读目的选用恰当的阅读方法，这个单元是对前面我们所讲的相关阅读策略的一个综合运用。阅读目的主要有三个方面：自身的目的、文本的目的和环境的目的。首先是自身的目的，比如我们可能会为了积累知识，读经典的文学作品；还可能为了放松，读一些小说。其次，每个文本自身就带有不同的目标，比如阅读电器的说明书是为了了解其使用方法。最后就是环境的要求不同，也会有不一样的阅读目的。阅读有时也有一定的功利性，如为了准备考试的目的；但有些阅读是不带功利色彩的，完全是一种积累性的阅读。效率，有助于尽快完成相关任务。

阅读策略在三、四、五、六年级的具体结构如下表所示：

单元	策略单元	具体表述	单元导语
三上 第四单元	预测	一边读一边预测，顺着故事情节去猜想。学习预测的一些基本方法。	猜测与推想，使我们的阅读之旅充满了乐趣。
四上 第二单元	提问	阅读时，尝试从不同角度去思考，提出自己的问题。	为学患无疑，疑则有进。 ——（宋）陆九渊

单元	策略单元	具体表述	单元导语
五上 第二单元	提高阅读速度	学习提高阅读速度的方法。	阅读要有一定的速度。
六上 第三单元	有目的地阅读	根据不同的阅读目的，选择恰当的阅读方法。	读书好比串门儿——隐身的串门儿。 ——杨绛

三、研实施

（一）教学实施建议

教学"阅读策略"，要牢固确立整组观、核心目标观、自主学习观、实践发展观，在教学中把握好三个要领。下面以三年级"预测"这一阅读策略为例。

1. 凸显核心目标

教学"预测"这一阅读策略时，一定要紧扣单元核心目标展开，突出"一组一得""一课一得"，让学生真正在阅读策略的学习上有所得。教学第一步：研制明确的单元整组教学目标和教学重点。学习一边读一边预测，顺着故事的情节去猜想；学习预测的一些基本方法；养成读书、读文章进行预测的习惯。教学重点为：学习预测的一些基本方法。教学第二步："对准目标而教"。根据单元核心教学目标选择合宜的教学内容，将单元内各部分内容视作一个整体，变"单篇课文教学"为"单元整组教学"，单刀直入，心无旁骛。与核心目标无关联或关联不大的问题可以大胆舍弃或点到为止。

2. 发挥两类课文作用

一是用好精读课文，充分发挥"例子"功能，初步学习"预测"。

第一步：导入——激发学生阅读期待。"一座老屋，已经活了100多岁了。

它的窗户变成了黑窟窿，门板也破了洞。它很久很久没人住了。'好了，我到了该倒下的时候了！'就在它自言自语准备往旁边倒去的时候，突然，一个小小的声音响起来……今天我们来读第12课《总也倒不了的老屋》，猜一猜故事的内容。"教师运用课件适时出示部分课文。

第二步：引导——指导学生边读边预测。尝试预测：读了课题，你想问什么？你想到了什么？自由读第1～5自然段，感知阅读时可以在哪些地方预测。教师指点：阅读时，可以在感兴趣的地方或有疑问的地方进行预测。阅读第6～16自然段，指导学生感知预测不是随意猜测。师生一段段地读，边读边猜想，并追问为什么这么想，说说依据。教师引导学生适时提炼方法：预测不是随意猜测或乱猜，而是依据生活经验、常识以及对上文的阅读理解猜想。

第三步：小结——梳理"预测"的基本方法。出示课后练习2表格：学生自行默读，同桌相互说说这些旁批是怎么得来的。师生一起梳理并板书"预测"的依据：根据文本中的线索，如题目、插图等预测；根据个人生活经验和生活常识预测；根据先前阅读的知识经验（文章结构意识）预测。

第四步：拓展——感知预测的结果与实际会有出入。阅读第17自然段，指导学生感知预测的内容可能跟故事的实际内容一样，也可能不一样。

二是用好略读课文，让学生充分运用方法，扎实练习"预测"。

《胡萝卜先生的长胡子》可以这样组织教学。第一步：熟读课文，小组讨论——接下来可能会发生什么事情？让学生大胆预测，并说说为什么这样预测。第二步：教师讲讲这个故事的结尾，班级交流——说说自己的预测和故事有哪些相同和不同。适时出示课后练习1，丰富学生认知实践。第三步：预测练习——读课后练习2中的文章或书的题目，小组内交流文章或书中可能会写些什么，说说自己预测的依据。

《不会叫的狗》可以这样组织教学。第一步：熟读课文。第二步：围绕课后3个思考练习题自行思考，小组讨论。第三步：学生为小组的同学读一本大家不熟悉的书，让他们预测后面的内容。

3. 加强自主实践：致力于学生阅读能力的形成

"阅读策略"作为一种程序性知识，需要学生在丰富的阅读实践活动中认知、尝试、拓展、应用，从而建构意义，提升阅读力和思考力。一是学生自主阅读"单元导语"，明白本单元学习要求，首先从心理上自我调适学习思路。二是精读课文的学习应成为学生自主认知的过程而不是教师教授的过程。学生在自主阅读课文的过程中，通过自行发现、领会，同伴分享，或教师点拨、指导，领悟"预测"的方法，而不是教师"教给"方法，更不是"贴标签"似的学习。三是学生熟读课文后结合练习中的表格、对话框中的方法归类、提炼，自主建构"预测"的基本方法。四是在大量的拓展阅读中练习"预测"，掌握预测方法，提高预测水平。五是学生借助"交流平台"，自行回顾、梳理，同伴间相互交流、分享，从而提炼出预测方法，养成预测习惯，提高阅读理解能力，而非"记忆"预测的方法。

（二）评价实施建议

学生在课堂上学习了阅读策略，那他学会了吗？掌握了吗？会运用了吗？只有通过再阅读，才能将所学的阅读策略进行实践运用，及时巩固，这样学到的知识才扎实。

1. 预测"策略"，主要看学生在阅读时能否：

（1）看题目预测。

（2）看插图预测。

（3）旁批和课后题相结合预测。

（4）根据故事内容预测。

（5）联系生活预测。

（6）根据自己心里预测，一边读，一边预测后面的内容。

2. 提高阅读速度，主要看学生在阅读时能否：

（1）集中注意力，尽量连词成句地读，不要回读。

（2）带着问题读。

（3）边读边想，找出关键词。

（4）熟能生巧。

（5）及时概括语句的意思。

3.“有目的地阅读”主要看学生在阅读时能否：

（1）根据阅读目的选择合适的阅读材料。

（2）与阅读目的关联性不强的内容，不需要逐字逐句地读，浏览一下就行。阅读方法提示：a. 理清人物关系以便更好地读懂故事。b. 关注故事情节来感受人物形象。例如：《童年》侧重通过关注人物的语言、动作、心理活动等体会人物形象。《小英雄雨来》重在通过抓住故事情节来把握人物形象。《爱的教育》则引导学生通过理清人物关系来认识、了解每个人物。

（三）课程资源开发实施建议

“阅读策略”作为一种程序性知识，需要学生在丰富的阅读实践活动中认知、尝试、拓展、应用，从而建构意义，提升阅读力和思考力。一种阅读策略的学习、获得，仅靠教科书中几篇例文的阅读示范、练习是不足以真正落实的，我们可以引导学生读整本书时，通过对人物、情节的梳理，完成思维导图；利用“读书小课堂”，全班进行读书交流等。引导学生在大量阅读实践中综合应用所学知识，建构阅读策略。

“路漫漫其修远兮，吾将上下而求索”，通过《学习阅读策略提高阅读质量》专题三研，让我更清楚地知道了，阅读策略是学生阅读兴趣可持续发展的动力，也是汲取精神营养不可或缺的动力。阅读质量的提高，更需要我们在教学时教策略、学策略、用策略，从而提升学生的阅读能力。三研的过程虽然辛苦，但满满的收获，又带给我数不尽的快乐和幸福！认认真真做三研，踏踏实实做教学，我相信插上三研翅膀的教学，一定能到达更广阔的天地！

说明文教学也精彩

语文统编版《说明文》专题三研

高智

高智，包头市九原区沙河第二小学语文教师。曾获九原区学科带头人、优秀教师、优秀班主任等称号；获包头市优秀班主任称号；包头市农牧地区青功赛一等奖。

"知之者不如好之者，好之者不如乐之者"。从教16年，始终认为只有充分利用好"兴趣"这一教学手段，才能使语文的说明文教学和生活贴得更近，使孩子因步入"柳暗花明"的境地而欢乐，为获取新知而流连忘返。

导　言

说明文是一种以说明为主要表达方式的文章体裁。根据说明对象的不同，我们可以把说明文分为事物说明文和事理说明文。事物说明文的说明对象是具体的事物，可以是动物、植物或者其它的实物等。作者通过准确的语言介绍它们的形状、结构、性质、特点、功用等，使读者对于这类事物有明确的了解。事理说明文的说明对象比较抽象，需要作者用客观准确的语言解说清楚某种现象的成因或原理，以及事物内部的关系，使读者能够豁然开朗。在小学语文教材中，说明文占有浓墨重彩的一笔，下面就从目标、教材、实施三方面进行研究梳理。

一、研目标

（一）课程目标

1. 在发展语言能力的同时，发展思维能力，学习科学的思想方法，逐步养成实事求是、崇尚真知的科学态度。

2. 具有独立阅读的能力，学会运用多种阅读方法。

（二）专题目标

2011 版语文课程标准在第三学段内容标准中提出：阅读说明性文章，能抓住要点，了解文章的基本说明方法。根据以上标准，梳理出说明文教学目标：

1. 提高阅读能力，发展思维能力，学习科学的思想方法。

2. 能抓住说明要点，了解基本的说明方法，体会说明方法的作用，并能运用恰当的说明方法，把某一事物介绍清楚。

3. 逐步养成实事求是、崇尚真知的科学态度。

（三）学情分析

五年级的学生对于说明性文章并不陌生，而且他们的理解能力和自读自悟能力也较强，可以通过自主阅读理解文本内容。学生对于文本运用了哪种说明方法比较好掌握，难点在于把握说明要点、体会说明方法的好处和运用说明方法介绍某种事物。因此，说明文教学的重点应放在培养孩子梳理信息把握说明要点以及体会说明方法的好处和习作上。

（四）近年大型考试分析

2018 年试题——《落叶的奥秘》

1. 文中多处用到破折号，它们都是起（　　　）作用的。（2分）

2. 第二自然段中用到了哪些说明方法，分别有什么作用？（4分）

3. 写出一句带有"叶"字的诗，不能与短文中的重复。（2分）

4. 作者为什么说"落叶是生长着的树林为适应环境变化而使的绝招"？请梳理并提取文中有逻辑关系的信息，用简练的语言回答这个问题。（2分）

2019 年试题——《解码汉字"行"》

1. 最后一段的"唯一"能去掉吗？具体说明理由。（3分）

2. 第四自然段划横线的句子采用了哪种说明方法？（2分）

3. 通读全文，梳理一下"行"字的字义经历了哪些演变过程？（6分）

4. 下面是建设银行的广告语，读一读，标出"行"的读音和字义。（4分）
善建者行，善建者行。

2020 年试题——《饮水与健康》

1. 本文扣住饮水，着重说明了（　　　）。（2分）

2. 本文是哪四个方面来说明"饮水与健康"之间的关系的？（4分）

3. 文章第五自然段画线句子运用了什么说明方法？作用是什么？（3分）

4. 第六自然段中出现了三个"约"，去掉可以吗？说说理由。（2分）

5. 在我们周围，尤其是夏季，不少人爱以喝饮料代替喝水。请你结合本文有关知识，给这些人写几句建议的话。（3分）

近三年试题	阅读理解总分	说明文所占分值	涉及说明文范畴具体分值
2018年	30分	10分	说明方法及作用占4分，梳理提取信息占2分。
2019年	30分	15分	考查限制性词语能否去掉占3分，说明方法占2分，梳理信息占6分。
2020年	30分	14分	说明对象及说明要点占6分，说明方法及作用占3分，限制性词语能否去掉占2分，结合文本谈建议占3分。

　　反观近三年毕业试卷，我们很清楚地认识到说明文这一文体在小学阶段的重要性，为了更好的落实、检测所学知识，特做如下考点分析及答题对策：

命题方向一：说明对象（整体理解文章内容，明确说明对象。）

样题：文章的说明对象是什么？

答题策略：

1. 看标题

2. 看首尾段

事物说明文一般标题就是说明对象，指出被说明事物即可。事理说明文指出说明内容，形成一个短语：介绍了……的……（对象加内容）

命题方向二：说明对象的特征（理清文章结构，分析说明对象的特征。）

样题：明确全文或某些段落是从那几个方面来介绍说明对象的。

答题策略：

1. 直接找出说明事物特征的句子。（看标题、首尾段、关键词句）

2. 概括说明事物的特征。（分析文章结构抓中心句及连接词，如"首先、其次、还、也、此外"等词语；抓关键词概括）

命题方向三：说明方法（辨识、判断文中所使用的的说明方法，分析说明方法的作用。）

样题：直接回答文章、某段、某句用到的说明方法；文章某段或某句运用何种说明方法，有什么作用？

答题策略：找出运用的说明方法，再根据其作用具体回答。

说明方法	答题模式
举例子	更具体、有说服力地说明了……
分类别	条理清晰地说明了……
作比较	通过把××与××加以比较，突出强调了……
打比方	把××比作××，生动形象地说明了……
列数字	更准确、具体、有说服力地说明了……

说明方法	答题模式
作引用	a/ 充实、具体、有说服力地说明了……b/ 增强说明的趣味性，吸引读者阅读兴趣。c/ 引出说明对象（引用在文章开头）。
作假设	更有说服力地说明了……
作诠释	清楚明白地说明了……
列图表	直观形象地说明了……
摹状貌	生动具体地说明了……
下定义	更科学、更本质、更概括地揭示了……

命题方向四：说明语言（理解词语、句子的内容，品读词语、句子的表达效果。）

样题一：句中加点词有何作用？

答题策略：

1．先结合实际语境说说加点词意思和所要表达的内容。

2．加点词体现了说明文语言的准确性。

样题二：某限制性词语能否删去？为什么？

答题策略：

1．不能删去。

2．解释词语的意思和在句子中的意思。

3．若删去，就变成…意思，不符合实际。

4．原词体现了说明文语言的准确性。

样题三：某词能否替换为另一个词语？并说明理由。

答题策略：

1．不能替换。

2. 解释原词意思或带词解释句子。

3. 解释所替换词的意思。

4. 若替换句子意思有何改变，不符合实际。

5. 原词体现了说明文语言的准确性。

样题四：指示代词如"这些条件"、"这种现象"等在文中具体指什么？

答题策略：

这种考题一般指的就是代词前面的那句话，有时要注意可能不是整句而是其中的一部分。

二、研教材

（一）专题编写特点

1. 分散编排

年级	单元	课题
三下	第四单元	13《花钟》
四上	第二单元	6《蝙蝠和雷达》 8《呼风唤雨的世纪》
	第三单元	11《蟋蟀的住宅》
四下	第二单元	7《纳米技术就在我们身边》
五上	第五单元	16《太阳》 17《松鼠》
六上	第三单元	10《生命宇宙之谜》 11《故宫博物院》材料一
六上	第七单元	23《京剧趣谈》

教材中选编的文本，大都篇幅短小，内容浅显易懂，结构清晰。对于一篇具体的说明文，我们要确立它的教学价值，首先要思考这篇文章作者的选

编入教材的目的在哪里，其次要思考文本的语言特色是什么。对于典型的说明文，在教学价值的确立上要有强烈的文体意识。如《太阳》一文，应该重点引导学生体会文本语言的准确严密，了解作者所使用的说明方法，明白作者是怎样把事物说清楚明白的。对于文艺性的说明文，教学价值的确立点不仅仅在文体知识，还在于体会文本语言之美，学习作者遣词造句的表达技巧和布局谋篇的匠心。如《松鼠》一文，文本语言生动活泼，字里行间蕴含着作者对于小松鼠的强烈的喜爱之情，教学价值如果单单定位在说明文文体知识上就显得索然无味了。

2. 由易到难（不同年级、不同单元的课文所要落实的语文要素也有所区别。）

年级	单元	课题	落实语文要素
三下	第四单元	13《花钟》	借助关键语句概括一段话的大意。
四上	第二单元	6《蝙蝠和雷达》 8《呼风唤雨的世纪》	阅读时尝试从不同的角度去思考，提出自己的问题。
	第三单元	11《蟋蟀的住宅》	体会文章准确生动的表达，感受作者连续细致的观察。
四下	第二单元	7《纳米技术就在我们身边》	阅读时能提出不懂的问题，并试着解决。
五上	第五单元	16《太阳》 17《松鼠》	1. 阅读简单的说明性文章，了解基本的说明方法。 2. 搜集资料、用恰当的说明方法，把某一事物介绍清楚。
六上	第三单元	10《生命宇宙之谜》 11《故宫博物院》 材料一	根据阅读目的，选用恰当的阅读方法。
六上	第七单元	23《京剧趣谈》	借助语言文字展开想象，体会艺术之美。

通过梳理，不难发现，同样是说明文，但不同年级的文章所要落实的语文要素却有所不同，只有五年级上册才设置了专门的说明文单元，落实说明文方面的语文要素。所以，三四年级的课文应忠实于中段的课程目标，重点落在把握内容、体会表达、提出疑问上，要淡化文体观念，在落实各单元语文要素的同时，让学生对说明文有初步的认识；而五上第五单元是从文体——说明文的角度编排的，两篇说课文所承载的教学任务直指《语文课程标准》中提到的阶段目标——阅读说明性文章，能抓住要点，了解文章的基本说明方法。教学中应该强化说明文文体意识，以点带面，带领学生了解说明对象及其特征，说明顺序和所采用的说明方法，带领学生领悟说明文语言的准确性，最后学习作者的表达技巧，内化运用——自己写一篇说明性文章。六年级的说明文则重在教给阅读策略、激发想象方面，为学生能够获得阅读方法，提升阅读能力服务。

所以，说明文教学不仅要承担一般文体所共有的共性的任务，还要承担自身的独特任务，为学生的终身学习服务。

（二）专题编写体例（五上第五单元——为例）

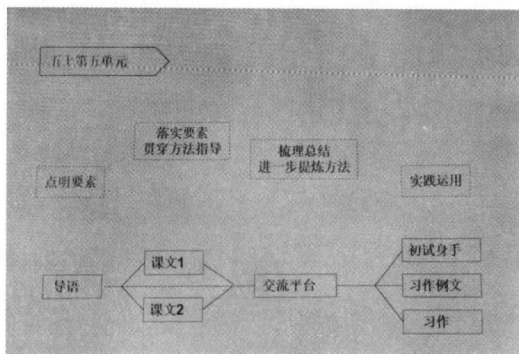

五上第五单元编写体例

1. 新旧教材对比

（1）单元导语

① 人教版教材：

在生活中，我们常常会读到说明性文章。这些文章，不论是讲清楚植物的形态特征，还是说明白动物的生活习性，不论是介绍新产品的使用方法，还是解释自然现象的形成原因，都要使用一些说明的方法。学习本组的说明性文章，要抓住课文的要点，了解基本的说明方法，并试着加以运用。

② 统编版教材：

本单元是一个习作单元，以叶圣陶的一句名言——说明文以"说明白了"为成功导入单元，既点明单元主题，又通俗地交代了说明文的特点。语文要素及习作要求清晰呈现：1. 阅读简单的说明性文章，了解基本的说明方法。2 搜集资料，用恰当的说明方法，把某一事物介绍清楚。

（2）单元组文

人教版教材	统编版教材
9《鲸》 10*《松鼠》 11《新型玻璃》 12*《假如没有灰尘》 口语交际．习作三 回顾拓展	16《太阳》 17《松鼠》 习作例文： 《鲸》《风向袋的制作》 习作：介绍一种事物

人教版教材中，有两篇精读两篇略读课文，而统编版教材安排了两篇精读课文和两篇习作例文。《鲸》在人教版教材中是精读课文，而统编版教材安排成了习作例文；《松鼠》一文在人教版教材是略读课文，而统编版教材中是精读课文。之所以有这样的变化是因为《太阳》、《松鼠》两篇课文更有典型性、代表性，主要让学生体会说明性文章的不同类型，了解基本的说明方法，感受不同的语言风格。两篇课文的课后题都与习作要求紧密联系，为单元习作做准备。《鲸》这篇文章层次分明、条理清晰，语言简单准确、平实质朴又不乏生动形象，学生理解起来较容易，能为学生的习作提供很好的示范。

（3）课后题（以《松鼠》为例）

人教版和统编版教材的学习重点都是说明要点及表达方法。统编版教材虽然也需要解决作者是从哪几方面介绍松鼠这一问题，但需要学生根据自己的阅读所得对信息进行分类、整理，这就涉及到了学习方法的运用，学生可以采用列提纲、画图表等方式梳理信息，分条呈现，再通过交流，进一步完善提取的信息，从而引导学生认识到，这样的的信息图表能够更好地帮助我们认识事物、获得知识。另外，统编版教材的课后第二题直接给出了具体的句子，旨在让学生通过对比，感受说明文不同的语言风格，目的更明确，学习方法的指导和指向性更明强，为学生下一步的的习作打好基础。

《松鼠》	
人教版教材	统编版教材
1. 作者是从哪几方面介绍松鼠的？ 2. 阅读课文，想想课文在表达上与《鲸》有哪些相同的地方，有哪些不同的地方？ 3. 说说从哪里可以看出作者对松鼠的喜爱。	1. 默读课文，把课文中获得的有关松鼠的信息分条写下来。 2. 读下面的句子，找出课文中相应的内容，体会表达上的不同。 ① 松鼠体形细长，体长 17—26 厘米，尾长 15—21 厘米，体重 300—400 克。 ② 松鼠在树上筑巢或利用树洞栖居，巢以树的干枝条及杂物构成，直径约 50 厘米。 ③ 松鼠每年春、秋季换毛。年产仔 2—3 次，一般在 4、6 月产仔较多。

三、研实施

（一）专题整体规划

著名教育家叶圣陶先生提出："教材的性质同于样品，熟悉了样品，也就可以理解同类的货色。"从课程层面上来说，说明文文本所承担的核心教学价值就是教会学生阅读说明文的方法，学习作者的表达技巧，即"怎样写"。鉴于此，说明文教学，不能把教学关注的重点放在了文章所介绍的知识上，不能把语文课的说明文教学上成了科学课，要立足语文本体性目标，把说明文也教出浓浓的语文味。

（1）把握——明确说明对象，把握说明要点

阅读说明文，首先明确说明的对象，也就是要明确说明的是什么事物。如何找准说明对象呢？首先是看题目，不少文章的题目就点明了说明对象，如《松鼠、《太阳》。其次是抓首括句和中心句，好的说明文往往运用这样的句子来突出索要说明的事物和特征。

明确说明对象的同时要准确地把握说明要点，即事物的特征。事物的特征主要表现在构造、形态、性质、变化、成因、功能等等方面。一般来说，除了说明的要点外，还要弄清作者介绍的是事物哪些方面的特征，又是从哪些角度介绍的。

（2）梳理——获得提取信息的方法

说明文文本信息含量大，怎样迅速地从中获得准确的信息，这是读懂说明文的当务之急。

如《松鼠》一课课后练习：默读课文，把从课文中获得的有关松鼠的信息分条写下来。因为面对的是五年级学生，完全可以布置学生在课外自制表格或思维导图完成练习。课上，教师根据学生完成的情况确定教学的重点。通过交流，让学生把自己思考的过程说出来，教会学生阅读课文时抓关键句中关键词的方法，培养学生自主思考的习惯。教师的课堂应该致力于学生的阅读障碍处，及时交给他们方法，生生互动，取长补短，相互影响。长此以往，学生能够获得阅读的方法，提升阅读说明文的能力。

（3）理解——体会说明方法的作用

为了清楚明白地说明事物的特点，作者会采用不同的说明方法，而说明文教学时，教师应致力于引导学生理解作者是怎样把事物的特点说清楚的。

如《鲸》的第一自然段作者集中笔墨说明鲸很大，为了说明这一特点，作者综合运用多种说明方法。在教学时，教师要引导学生思考作者为什么要用这么多的方法来说明鲸很大这一个特点。如果把文中"我国发现过一头近

四万公斤重的鲸，约十七米长，一条舌头就有十几头大肥猪那么重。它要是张开嘴，人站在它嘴里，举起手来还摸不到它的上颚，四个人围着桌子做在它的嘴里看书还显得宽敞。"去掉，与原文表达效果有什么区别。学生在对比中明白，作者着力于此的目的不仅仅是要告诉读者"鲸很大"，更是通过一次次的强调，让这个特点一次次撞击读者的内心，从而明白说明方法在说明事物特点时的独特作用。

（4）内化——体会语言的严密准确

说明文是一种实用性很强的文体，不像文学作品那样可以任由思想驰骋，恣意夸张，说明文的语言必须严密准确。如何带领学生去体会说明性语言的这种特色，是属于语文本体性的内容，是说明文教学课堂的重头戏。

说明文语言的准确无误首先体现在那些列举的数字之中，而更能体现说明文语言严密的是文中的一些起修饰或限制作用的副词或形容词。如《太阳》一文中，"太阳会发光，会发热，是个大火球。太阳温度很高，表面温度有六千摄氏度，就是钢铁碰到它，也会变成汽；中心温度估计是表面温度的三千倍。"句中"估计"一词在这里对于句子表达的准确性起到了至关重要的作用。教学时，可以让学生去掉后对比朗读，体会表达效果。从而明白，作者用它强调了太阳的中心温度不是一个很确定的数据，只是一个大概的预估。

（5）运用——练习写说明性文章

说明文以条理清楚、思路清晰见长，而我们小学课本中收入的说明文，为了更好的吸引学生，作者不仅仅在语言上下足了功夫，其巧妙的布局谋篇更是让人心悦诚服，是学生习作的好蓝本。

五上第五单元两篇精读课文习得方法，两篇习作例文引路，接下来学生就要进行习作。首先要选择感兴趣的事物，拟好题目。写之前，细致观察要写的事物，并搜集相关资料，进一步了解这个事物，想清楚从哪几方面来介绍。写好后，与同学交流分享。如果别人对你介绍的实物产生了兴趣，获得了相关知识，你就完成了一次成功的习作。

（二）专题课型及课时分配

分类	内容	课时	教学要点
课文	《太阳》	2	1. 默读梳理课文从哪些方面介绍了太阳？太阳对人类有哪些作用？ 2. 结合课文内容，说说作者是运用哪些说明方法介绍太阳的，并体会这样写的好处。
	《松鼠》	2	1. 默读课文，了解松鼠的特点，提炼梳理松鼠的相关信息，并分条记录， 2. 通过对比，体会说明文不同的语言风格。 3. 仿照课文第四自然段，完成小练笔。
习作例文	《鲸》	1	根据批注，学习作者如何恰当地使用说明方法及用词的准确。
	《风向袋的制作》		
习作	介绍一种事物	2	1. 根据素材确定说明对象。 2. 运用恰当的说明方法介绍所定说明对象。

（三）分课时设计

五上第五单元所要落实的语文要素即阅读简单的说明性文章，了解基本的说明方法；搜集资料、用恰当的说明方法，把某一事物介绍清楚。针对具体课文，有如下教学设计：

《松鼠》一课教学设计：

学情分析：

1. 通过第二学段的学习，学生已具有一定的梳理课文条理、揣摩文章顺序、了解课文内容、概括部分主要意思的能力；也具有较强的提取、整合语言文字信息回答问题、完成任务的能力，这些是落实这一课课后练习1的有利条件。

2. 课文介绍说明松鼠的信息比较多，要求整理这些信息并分条写下来，对于五年级的学生而言是比较困难的，交流时可通过范例引导，梳理个部分层次，帮助每一位学生逐步达标。

3. 学生通过课文《太阳》的学习，已经了解了说明性文章一些基本的写法——列数字、举例子、作比较，运用平实的语言进行介绍说明。而《松鼠》一课要学习了解的是抓特点进行具体细致描写的方法，运用形象化的语言介绍说明。虽然学生在《蟋蟀的住宅》等课文学习中接触过这样的写法和语言，但由于这些课文基本不涉及说明方法和语言的学习，因此，本课的说明方法和语言学习是新知，要注意在学生充分感知的基础上总结讲授。

教学目标：

1. 默读课文，了解松鼠的特点，提炼梳理松鼠的相关信息，并分条记录，

2. 通过对比，体会说明文不同的语言风格。

3. 仿照课文第四自然段，完成小练笔。

教学活动：

教学流程	评价任务	学习活动
一、激趣导课，整体把握	用自己的话概括课文主要内容。	1. 结合《太阳》一课，说说自己已经掌握了哪些说明性文章的知识？ 2. 思考每段的意思，概括提炼，用自己的话说说课文主要内容。 3. 找出文中的一句话概括。
二、提取、梳理信息并分条记录	利用列提纲、画图表等方式梳理松鼠的有关信息、分条呈现。 （外形特点、活动范围和规律、行为特点、搭窝、其他习性。）	1. 默读思考：作者介绍了哪些方面的内容？根据自己的阅读所得对信息进行分类，利用提纲、表格等整理。（分段梳理或分条梳理） 2. 小组交流。 3. 小组派代表交流，其他学生补充。或提出不同意见，师生共同提炼关键词。 4. 修改、完善自己梳理的内容。

教学流程	评价任务	学习活动
三、对比，感受说明文不同的语言风格	和组内同学交流时，说出从例句和课文相应内容中读到了什么不同信息，有什么不同感受？	1. 朗读课后第二题的第一个例句，找出课文中描写松鼠外形的句子对比读，思考：例句和课文在介绍松鼠外形时分别是从哪几方面来写的？有什么不同？分别有什么作用？ 2. 小组合作，讨论交流第二、三个例句与课文相应内容在表达上的不同。 3. 总结：说明文的语言特点可以像《太阳》一样平实，也可以像《松鼠》一样活泼，还可以像《中国大百科全书》里的内容一样简洁明了。
四、作业——小练笔	仿照第四自然段写一段话	选择下面一种动物的活动留心观察，仿照课文第四自然段写一段话。 （蚂蚁搬家　喜鹊筑巢　小鸡啄米）

习作教学设计：

1. 确定习作对象，提前积累习作素材。

与动物有关	恐龙	袋鼠的自述	动物的尾巴
与植物有关	菊花	热带植物大观园	种子的旅行
与物品有关	灯	扫地机器人	溜溜球的玩法
与美食有关	涮羊肉	怎样泡酸菜	我的美食地图
其他感兴趣的内容	火星的秘密	草原旅游指南	中国传统吉祥物

可以选择表格中的题目，也可以自拟题目，介绍一种事物。

2. 拟写习作提纲，做好观察和资料的筛选。

准备用的题目：		
准备从哪些方面介绍	准备使用的说明方法	需要进行哪些观察和搜集哪些资料

3. 用好习作例文，尝试自主习作。

4. 评改习作并分享交流

（四）评价

1. 评价反馈

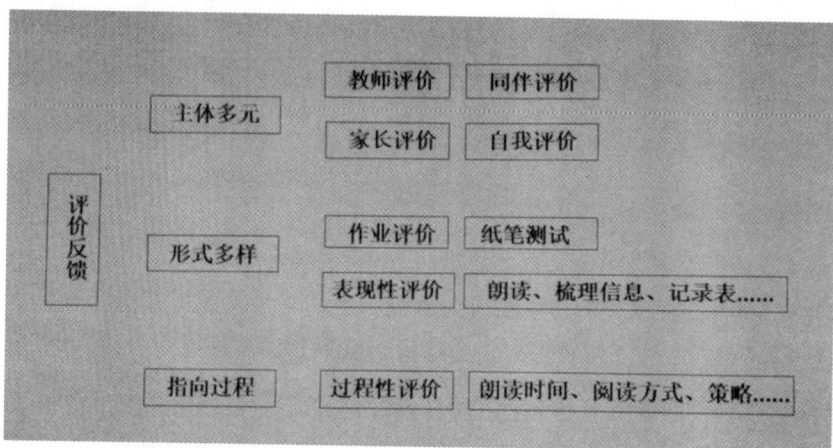

评价反馈

评价反馈说到底是一种促进学生自主学习，支持学生不断主动改善学习，培养学生各种技能以及提升学生学习能力的手段。评价，对于学生的学习，教师的教学，都有着至关重要的作用。

在学生自主学习的课堂上，参与评价的主体应是多元的，无论是教师评价，还是学伴互评，还是家长评价，其实归根结底都是外在性的"他评"。当"他评"真正地引起学生的自我认同，引发其自我反思之后，"他评"实质上就转化成了学生内在的自我评价。这个时候，促进学生自我调整、改善学习的效果才会出现。因此，从这个意义上说，课堂评价中虽然教师评价和学伴互评很重要，但学生的自我评价更重要。

评价的形式要多样，并指向过程性评价。在评价过程中要将听、说、读、写结合起来，全面的客观的反映学生的学习情况。既要评价学习结果，更要评价学习过程，既要评价课堂内的学习，更要评价课堂外的运用。

综上所述，教学中，要全面、正确地评价学生的学习，为学生的终身学习发展提供有效的服务。

2. 具体评价

（1）课堂学习表现

课堂是否认真听讲，是否积极参与发言、讨论等学习活动；能否根据阅读方法，把握主要内容，体会说明方法的好处。

（2）知识运用评价

能否根据相关阅读方法进行阅读拓展。是否能进行说明文的写作练习，根据学生阅读、写作情况进行评比。

（3）质量检测评价

根据所学知识进行专项质量检测，质量检测优秀的学生获得奖励。

（4）课外阅读量的评价

建立学生课外阅读统计表。定期检测学生对知识掌握情况及课外阅读量，成绩优异颁发证书奖励。

3. 评价策略——习作评价事例

（1）评价时机——全班评价、大肆渲染（可运用锦上添花、如鱼得水、如虎添翼、画龙点睛、神来之笔、出神入化……等词语）

（2）评价力度

习作题目：			
评价要求	自我评价★	同学评价★	小组推荐指数★
能抓住事物特点			
能恰当使用说明方法			
能分段介绍事物的不同方面			

4. 预测命题方向——课外拓展《昆虫的"鼻子"——触角》纸笔测试（15分）

（1）本文的说明对象是什么，作者是从哪几方面进行说明的？（4分）

（2）文章开头为什么要讲述"霸王自刎乌江"的故事？（2分）

（3）第五段主要运用了哪些说明方法，有什么作用？（4分）

（4）第六段中加点的词"有的"能否去掉？为什么？（3分）

（5）第七段中"因此受到启迪"中的"此"指代什么？"启迪"的具体表现是什么？（2分）

（五）课程资源开发与利用

1. 课堂教学资源

挖掘课本资源及相关阅读材料，合理整合，创造性使用教材。

2. 课外教学资源

恰当运用多媒体网络资源和社会资源，拓宽学生视野，拓展课外阅读，为学习说明文积累更多素材。

小学语文课本中编入了为数不少的说明文，目的是为了让学生通过阅读这类文章，不仅能了解各种说明方法，而且能在深入阅读文本的过程中学习说明文的语言特色，积累语言，增长知识。文章不是无情物，说明文同样表达了作者的情感，所以教学要体现出"语文学科的特点"，也应该像其它文体的教学那样，让它散发出浓浓的语文味，还原其语文的本色。只要愿意付出智慧，说明文的课堂教学也能呈现出活力，散发出魅力，闪动着智慧，洋溢着浓浓的语文味。